Stadt und Haus
Berlinische Architektur im 21. Jahrhundert

Stadt und Haus
Berlinische Architektur im 21. Jahrhundert

Berlin Architecture in the 21st Century
La Nueva Arquitectura Berlinesa en el siglo 21
Новая архитектура Берлина в 21 веке

DOM publishers

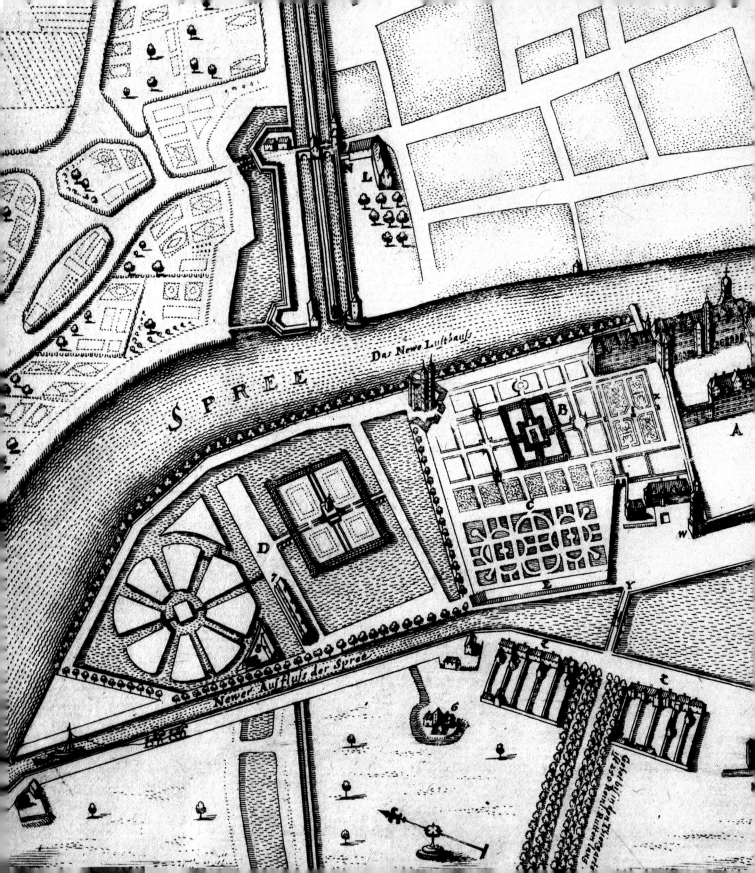

Das Newe Lusthauß

L

SPREE

B

D

C

Newer Außfluß der Spree

A

W

6

Y

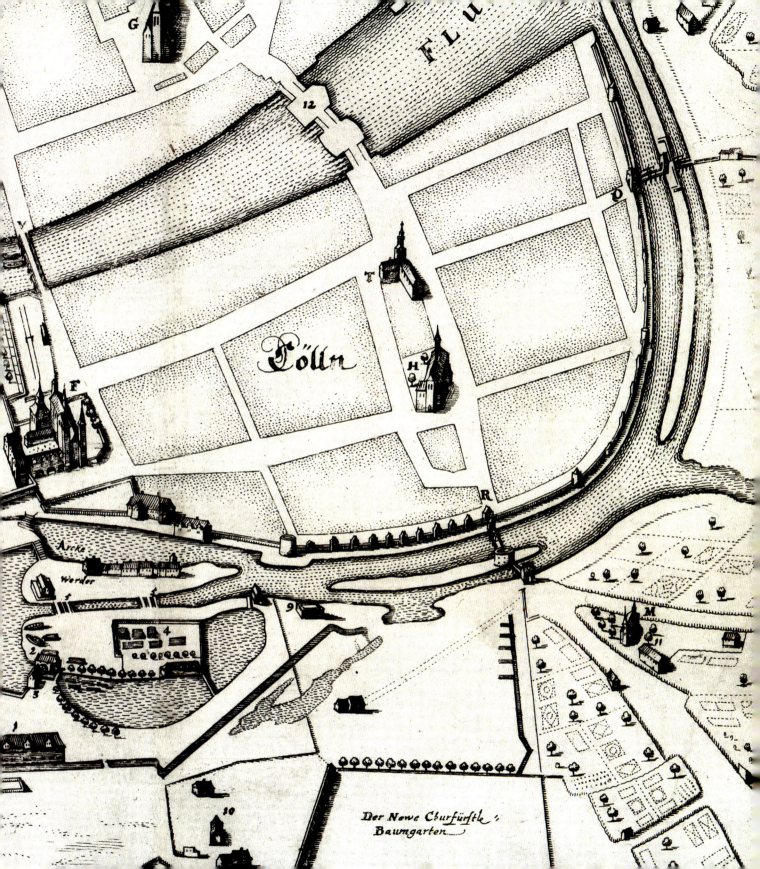

FLU

G

12

O

Cölln

T

F

H

R

Aycke

Werder

5

4

9

2

5

1

M

11

10

Der Newe Churfürstl.
Baumgarten

Stadt und Haus

Blickt man heute auf die vergangenen Jahre der Berliner Stadtentwicklung, so mögen die einzelnen Architekturen mitunter überraschen. Obwohl die bekanntesten Baukünstler unserer Zeit an der Spree ihre Entwürfe realisierten, ist das Ergebnis nicht immer spektakulär. Dies mag zum einen seine Ursachen in der überschnellen Entwicklung und dem dadurch bedingten Planungsdruck haben, die die Wiedervereinigung der Stadt erforderte. Zum anderen kann es aber auch an der Art heutiger Bauproduktion liegen, bei der Entscheidungen für architektonische Details vielfach nicht mehr vom Architekten, sondern vom Projektcontroller übernommen werden. In einer anderen Hinsicht allerdings hat Berlin weltweit Vorbildliches zu bieten. Dabei geht es um etwas Selbstverständliches, das sich nur Fachleuten und Eingeweihten erschließt: Es ist die Disziplin des Städtebaus, die aufgrund begrifflicher Unschärfe oft mit Stadtplanung gleichgesetzt wird. Vor diesem Hintergrund mag es ein Wink des Schicksals sein, dass erst die Summe der Einzelarchitekturen – was dem Begriff des Städtebaus schon sehr nahekommt – das neue Stadtbild Berlins ausmacht. Während Paris und London auf die mediale Wirkung von Solitärgebäuden setzen, glänzt Berlin mit dem Alltäglichen. Architektur muss an der Spree nicht neu erfunden werden.

Zu Beginn ein paar Fakten: Eine halbe Generation nach der Wiedervereinigung befindet sich Berlin immer noch in einem Umbruch, der die Bevölkerungsstruktur, die Wirtschaft, Soziales und Kultur und damit auch Städtebau und Architektur umfasst. Berlin weist heute – nach einem Bevölkerungsrückgang von zehn Prozent gegenüber 1996 – nur noch eine Einwohnerzahl von knapp 3,5 Millionen auf. Dies entspricht dem Stand von 1990. Noch zu Wendezeiten waren sämtliche Prognosen von einem starken Wachstum ausgegangen, so dass die damals getroffenen stadtentwicklungspolitischen Entscheidungen heute vielfach als übertrieben bezeichnet werden. Zu diesen Beispielen zählt der Neubau von über 150.000 öffentlich geförderten Wohnungen ebenso wie die Realisierung etlicher Vorstädte. Eine Überproduktion von Wohnraum bei abnehmender Bevölkerungszahl hat dazu geführt, dass derzeit in Berlin mehr als 100.000 Wohnungen leer stehen. In ganz Ostdeutschland sind es mehr als eine Million.

Berlin gehört zu den Städten, deren Erscheinungsbild sich in den vergangenen Jahrhunderten ständig geändert hat. Und Berlin zählt zu den deutschen Städten, die am intensivsten immer wieder durch Planungen überformt wurden. Mit jedem neuen politischen oder wirtschaftlichen Aufbruch sollte auch für eine neue und vermeintlich bessere Gesellschaftsform die alte Stadt abgeräumt werden: Ende des 19. Jahrhunderts, in der Gründerzeit, wich das barocke Berlin den modernen

◄ Johann Gregor Memhardt
Grundriss von Berlin und Cölln
1652
(Landesarchiv Berlin)

Ingenieur N. La Vigne
Plan géométral de Berlin et des environs
1685
(Landesarchiv Berlin)   ►

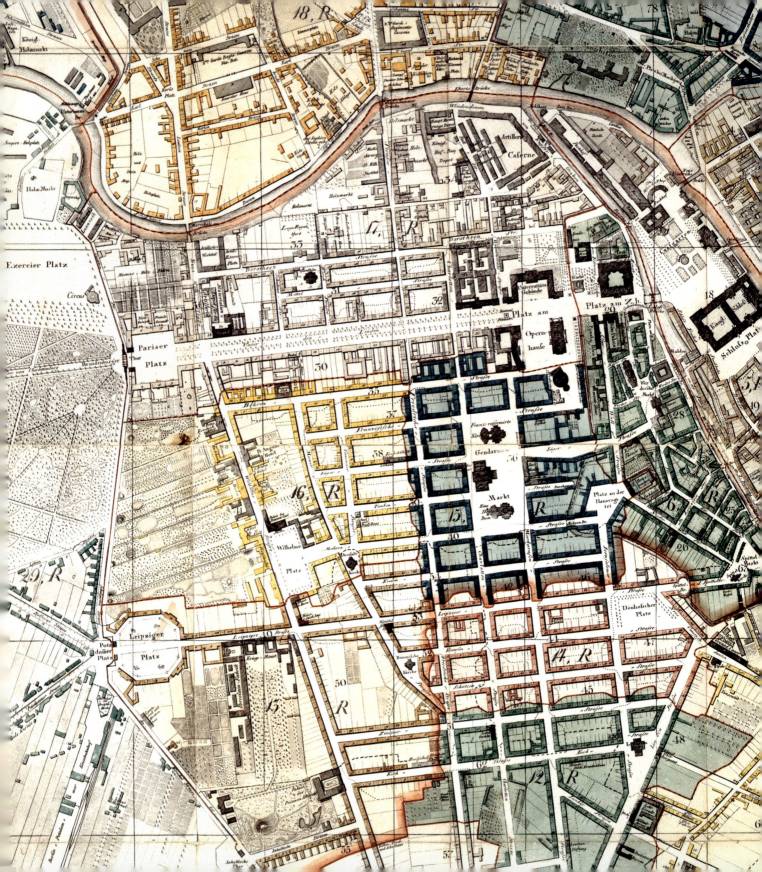

Geschäftshäusern, Hotels und Staatsbauten. In den Zwanzigerjahren des 20. Jahrhunderts sollten die aufgelockerten Stadtvisionen der Moderne das »steinerne Berlin« ablösen. Protagonisten jener Bewegung wie etwa Ludwig Hilberseimer, der damals den Abriss der historischen Friedrichstadt vorschlug, hinterließen ihre Spuren jedoch nur in der Theorie. Wenige Jahre später nur wurde allerdings aus stadtzerstörerischen Ideen Ernst. In der Zeit des Nationalsozialismus projektierte Albert Speer eine raumgreifende Nord-Süd-Achse mitten durch Berlin, der Zweite Weltkrieg setzte diesen Planungen ein Ende. Nach der Teilung der Stadt in Ost- und Westberlin entstand auf der einen Seite die »sozialistische Hauptstadt der DDR« mit breiten Magistralen und großen Aufmarschplätzen, auf der anderen Seite das demokratische Schaufenster des Westens mit Autobahnen und einer City nach amerikanischem Vorbild.

Der letzte Plan, der nach dem Zweiten Weltkrieg für die Gesamtstadt gezeichnet wurde, war bezeichnenderweise ein Autobahnplan, der sich wie ein Netz über die Stadt gestülpt hätte. Er wurde 1946 unter der Regie von Hans Scharoun erstellt und ging als »Kollektivplan« in die Architekturgeschichte ein. Besonders nach 1945 war Berlin die Stadt mit einem – aufgrund ihrer Rolle als Hauptstadt im Dritten Reich – besonders starken Willen zur Auslöschung politisch kontaminierter Gebäude und des historischen Stadtgrundrisses. Die Architekten und die Planergeneration der Nachkriegszeit arbeiteten sowohl in Ost als auch in West mit einer Ablehnung der eigenen Geschichte und dem Glauben an den technischen Fortschritt.

Nachdem der Krieg die Stadt in Trümmer gelegt hatte, konnten die radikalen Leitbilder ohne Berücksichtigung des historischen Stadtgrundrisses in Beton gegossen werden. Im Unterschied zu ähnlichen Prozessen in anderen deutschen Städten war Berlin in den Jahrzehnten der Teilung Schauplatz einer ehrgeizigen städtebaulichen und architektonischen Systemkonkurrenz. Gemeinsam war den konkurrierenden Systemen die bewusste Zerstörung des vorhandenen Straßen- und Platzgefüges und der Architektur sowie der fast flächendeckende Abriss historischer Gebäude. Das Berlin der Vergangenheit sollte bei dem Aufbruch in eine neue Zeit auch in eine neue, der jeweiligen politischen Farbe entsprechend ausgerichtete, in jedem Fall aber in eine autogerechte Stadt verwandelt werden. Dies begann zunächst in Ost-Berlin – mit der Gründung der DDR im Jahr 1949 und der aufgrund der Kollektivierung möglichen ungehemmten staatlichen Inanspruchnahme von privatem Grund und Boden. Schwerpunkte der neuen Stadtgestaltung waren der Entwurf des Machtzentrums der DDR rund um das Areal des 1950 abgerissenen Stadtschlosses und der östlich davon liegenden Altstadt sowie die Planung der Stalinallee.

◄ J. C. Selter
Karte von Berlin (zweite Ausgabe)
1826/1841
(Landesarchiv Berlin)

Fast drei Jahrzehnte war Berlin dann geradezu von einer Abriss-Euphorie geprägt, bei der historische Bausubstanz und mittelalterliche Straßennetze regelrecht ausradiert wurden. Als zu Beginn der Achtzigerjahre mit der Internationalen Bauausstellung (IBA) in Westberlin und dem Bau des Nikolaiviertels in Ost-Berlin eine Neubewertung der eigenen Architekturgeschichte erfolgte, hatte die verkehrsgerechte Moderne bereits schwere Wunden in Form von Autobahnen, Aufmarschplätzen und so genanntem Abstandsgrün verursacht. Mit der Strategie einer Stadtreparatur bei gleichzeitiger Wiederherstellung des traditionellen Stadt- und Straßengefüges war Berlin gleichermaßen ein Vorreiter der behutsamen Stadterneuerung und damit auch einer vorweggenommenen nachhaltigen Stadtentwicklung.

Der nach der Wiedervereinigung eingeschlagene Weg knüpft an diese Leitbilder der Achtzigerjahre an und hat Lehren aus der Abbruch- und Zerstörungsgeschichte der Nachkriegsmoderne gezogen. Die aktuelle Transformation und Modernisierung von Wirtschaft und Gesellschaft unterscheidet sich daher städtebaulich grundlegend von den gründerzeitlichen Anstrengungen der Jahrhundertwende. Berlin bekennt sich ausdrücklich zu seiner städtebaulichen und architektonischen Geschichte – man versucht, sämtliche Aspekte zu respektieren, den Modernisierungsprozess ohne größere Abrisse und Zerstörungen zu absolvieren und konzentriert sich räumlich auf die Innenentwicklung der Stadt, um ein unkontrolliertes Wachstum an den Rändern zu verhindern.

Vor dem Hintergrund der radikalen städtebaulichen und gesellschaftspolitischen Praxis in den vergangenen zwei Generationen wurde nach dem Mauerfall in Berlin explizit die Gegenposition zur Stadtlandschaft der Moderne offizielle Grundlage für große Städtebau- und Architekturprojekte: der Abschied von Solitärbauten inmitten undefinierter Grünflächen und die Rückbesinnung auf eine Stadt im homogenen Kontext von Architektur. Die aktuelle gesellschaftliche Transformation braucht, so die These von Hans Stimmann, Berliner Senatsbaudirektor 1999 bis 2006, kein grundsätzlich neues Leitbild städtebaulicher Konzepte, sondern eine Rückbesinnung auf die erfolgreiche Tradition städtebaulicher Strukturen verbunden mit behutsamen Experimenten mit der Tradition der europäischen Stadt und ihren Elementen – also mit Straßen, Plätzen, Parkanlagen und vor allem mit der Typologie von Gebäuden. Europäische Stadt, das bedeutet als gesellschaftliche Form die Trennung von privater und öffentlicher Nutzung. Konkret heißt das: bei jedem Projekt zwischen eindeutigem »Vorne« und »Hinten« der Häuser zu unterscheiden sowie öffentlichen Straßen und Plätzen, privaten Höfen und Gärten sowie dem Gebäude eine eindeutige Adresse zuzuweisen.

Wilhelm Liebenow
Situationsplan von der Haupt- und Residenzstadt Berlin
1867
(Landesarchiv Berlin)

►

Auf Basis dieser Thesen arbeitete die Berliner Senatsverwaltung mit zwei Leitbildern: mit dem Leitbild der so genannten kritischen Rekonstruktion für die barocke Friedrichstadt und dem Leitbild der europäischen Stadt für die neu zu bebauenden Teile im Bereich des Potsdamer Platzes und des Alexanderplatzes. Unmittelbar nach der Wende konzentrierte man sich zunächst auf die barocke Stadterweiterung, die Dorotheen- und die Friedrichstadt, die bis heute im Stadtgrundriss durch ihr Schachbrettmuster ablesbar ist. Für diesen Teil der Stadt wurde die städtebauliche Methode der kritischen Rekonstruktion als Grundlage für die Neubebauung angewandt. Diese ursprünglich für die südliche Friedrichstadt von der IBA entwickelte Methode wurde weitergeführt und für einzelne Stadtquartiere konkretisiert. Das Zentrum Berlins sollte nach und nach in seinen historischen Schichten und Maßstäblichkeiten städtischer Räume und in seiner differenzierten Nutzungsvielfalt, gleichzeitig aber auch als Ort zeitgenössischer Architektur und wirtschaftlicher Verhältnisse wieder erfahrbar werden. Der Senat versuchte, die Methode der kritischen Rekonstruktion auf einfache Regeln zu beschränken:

• Das historische Straßennetz und die Baufluchten der Straßen und Plätze sind zu respektieren oder zu rekonstruieren.

• Die Neubebauung zielt auf das städtische Haus mit eigener Parzelle, deren Größe den Berliner Block nicht überschreitet.

• Die maximal zugelassene Höhe der Bebauung beträgt bis zur Traufe 22 und bis zum First 30 Meter.

• Baugenehmigungen werden nur bei einem Nachweis von mindestens 20 Prozent an Wohnnutzung erteilt.

Generell wurde das Leitbild der europäischen Stadt mit der strikten Trennung der öffentlichen Straßen, Plätze und Parkanlagen von den privaten Flächen vorgegeben. Auf Basis dieser Stadtidee entstanden so unterschiedliche Interpretationen wie die von Heinz Hilmer und Christoph Sattler für den Potsdamer und den Leipziger Platz (1991), von Hans Kollhoff für den Alexanderplatz (1993) oder von Bernd Albers für den Friedrichswerder (2003). So unterschiedlich der Maßstab dieser Projekte und der Fortschritt ihrer architektonischen Umsetzung auch sind, basieren sie doch auf den wesentlichen Grundsätzen einer europäischen Stadt. Die Architektur folgt in ihrer konkreten Gebäudeform den abstrakten städtebaulichen Vorgaben. Das Haus ordnet sich der Stadt unter – ebenso wie sich der private Bauherr einem öffentlichen Bebauungsplan unterzuordnen hat.

Modell der *Welthauptstadt Germania*
Generalbauinspektor Albert Speer
1941/42
(Staatliches Museum für Architektur, Moskau) ▶

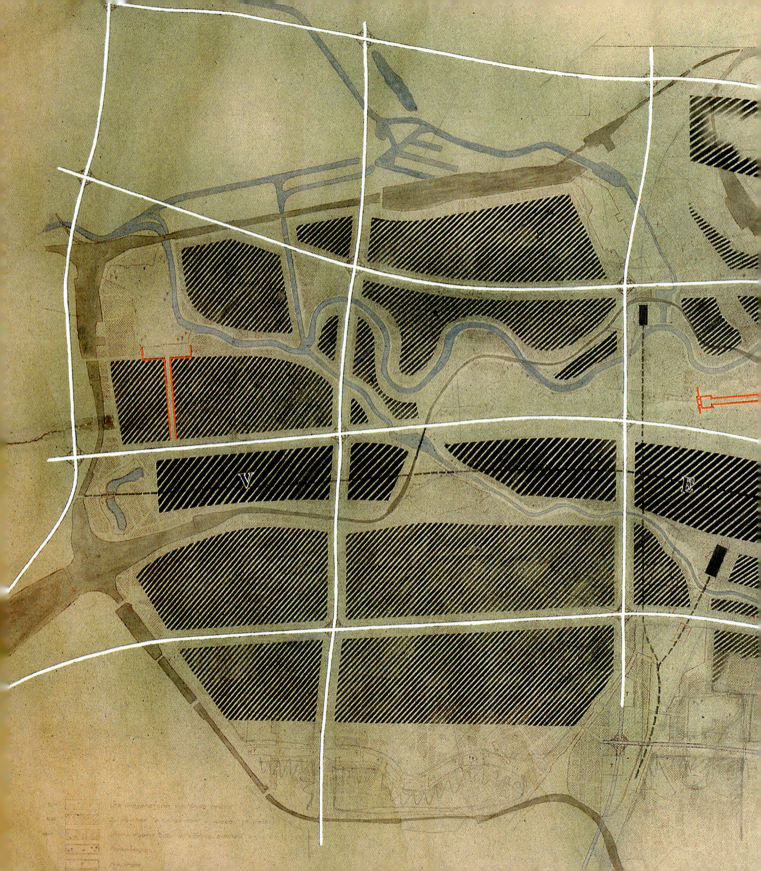

Berlin mag für viele Kritiker eine Provokation sein. Es ist die Provokation des Alltäglichen, der selbstverständlichen Architektur auf Grundlage einer – wie im Beispiel der Friedrichstadt – über 300 Jahre alten städtebaulichen Figur. Berlin ist sicherlich kein Ort, an dem nach dem Fall der Mauer eine neue Stadt erfunden wurde. Wer sich jedoch auf ein Experiment mit Tradition und Geschichte einlassen möchte, für den ist Berlin eine zentrale Adresse in Europa. Die nachfolgenden Projekte haben sich – in unterschiedlicher Konsequenz – dieser Verantwortung verschrieben. Sie zeigen vor allem auch, dass über zehn Jahre nach dem über die Stadtgrenzen hinaus bekannt gewordenen »Berliner Fassadenstreit« eine junge Generation von Architekten herangewachsen ist, die völlig undogmatisch und unbewusst »Berlinische Architektur« produziert.

Philipp Meuser

Aktueller Berliner Stadtplan
Maßstab 1:1.000
ab 1991
(Senat zu Berlin)   ► ►

◄   Kollektiv Hans Scharoun
     Wiederaufbauplan von Berlin
     1946
     (Landesarchiv Berlin)

Stadtmodell Ost-Berlin
Maßstab 1:500
um 1987
(Magistrat von Berlin)   ►

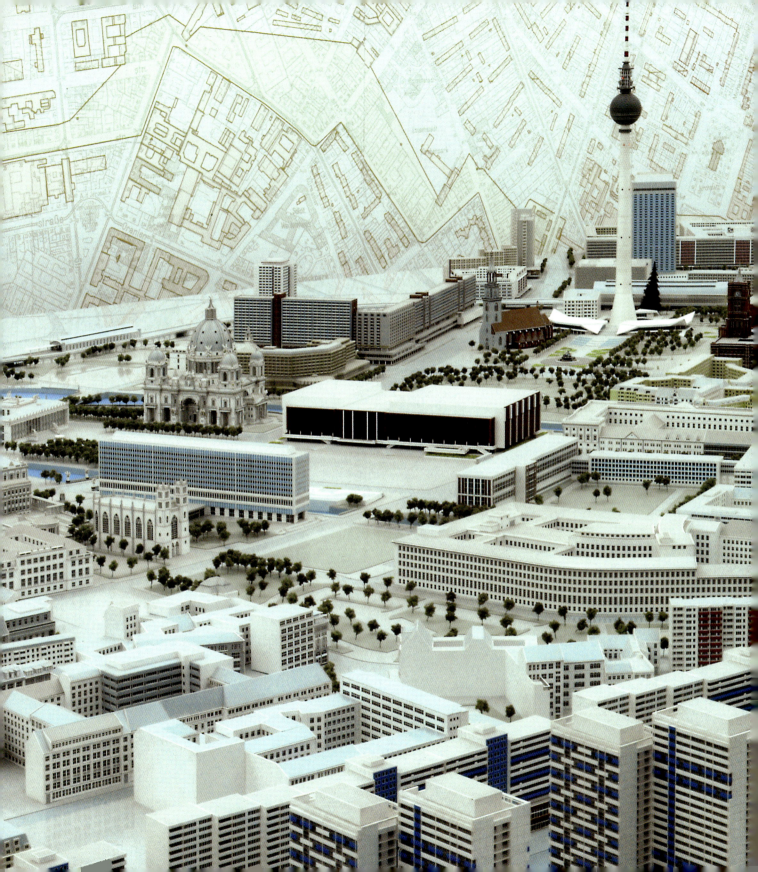

Friedrichstraße

Alexanderplatz

Spreeinsel

City and Building

When one looks back upon the past years of Berlin's urban development, the individual buildings may seem disappointing at times. Although the best-known architects of our time have realised their sketches on the Spree, the result is relatively sobering. On the one hand, this may result from the overly hasty development and the resultant planning pressure demanded by the reunification of the city. On the other hand, it may also have to do with today's type of building production, in which decisions concerning architectural details are frequently made not by architects but by project controllers. In another sense, however, Berlin also has world-standard models to offer. This is something very self-evident that could be taken for granted and which is only revealed to specialists and the initiated: the discipline of urban architecture, often equated with urban planning due to conceptual blurring. Before this background it may be a sign of fate that only the sum of the individual buildings – which indeed comes very close to the concept of urban architecture – is what determines Berlin's new urban face. Whereas Paris and London rely on the medial effect of solitary buildings, Berlin shines with everyday buildings. The latter need not necessarily be equated with mediocrity.

A few facts to begin with: a half a generation after the Reunification, Berlin is still in a state of upheaval encompassing economy, social life, culture and, with these, urban architecture as well. Berlin today has a population of barely 3.5 million following a 10% decrease in population since 1996. This corresponds to the level of 1990. At the time of the political change of power, all prognoses assumed considerable growth. For this reason, the urban-political decisions made at that time are frequently considered exaggerated today. Examples of these include the new construction of over 150,000 publicly subsidized apartments as well as the realisation of a number of suburbs. An overproduction of living space with a decreasing population has led to the fact that over 100,000 flats are now standing empty in Berlin. In the entire eastern part of Germany, over a million are empty.

Berlin belongs to those cities whose appearance has constantly changed during the past centuries. And among German cities, Berlin is one of those which were most intensively reformed through planning, time and again. With each new political or economical upheaval, the old city was also to be cleared away for a new and hopefully better form of society. At the end of the nineteenth century, baroque Berlin gave way to modern department stores, hotels and state buildings. During the 1920s, the more relaxed urban vision of the modernists was intended to replace »stony Berlin.« Protagonists of this movement such as

Marx-Engels-Platz (heute: Schlossplatz), 1973 ▶

Ludwig Hilberseimer, for example, who in those days suggested the demolition of the historic Friedrichstadt, only left their traces in theory. Only a few years later, ideas about urban destruction began to be taken seriously. During the period of National Socialism, Albert Speer projected a spatially comprehensive north-south axis through the middle of Berlin; the Second World War put an end to these plans. After the division of the city into East and West Berlin, the »socialistic capital of the GDR« arose on the one side, with broad municipal authorities and grand spaces for marching. On the other side there was the democratic showcase of the West with motorways and a city built according to American models.

The last plan that was drafted for the entire city after the Second World War was, significantly, a motorway plan that was put over the city like a net. It was produced in 1946 under the direction of Hans Scharoun and went down in architectural history as a »collective plan.« Especially after 1945 – because of its role as the capital city of the Third Reich – Berlin was a city especially intent on wiping out politically contaminated buildings and the historical city plan. The architects and planning generation of the post-war period worked while rejecting their own history, both in the East and the West, and with a belief in technical progress. After the war had laid the city in ruins, radical models could be cast in concrete without consideration for the historic city plan. Unlike similar processes in other German cities, Berlin was the showplace of an ambitious urban-architectural and architectonic competition of systems during the decades of division. What the competing systems had in common was the conscious destruction of the existing street and square system, the architecture and the area-wide demolition of historic buildings. The Berlin of the past was to be transformed into a new city, orientated according to the corresponding political colour with the upheaval leading into a new era, but in any case a city suited to the automobile. This first began in East Berlin, with the founding of the GDR in 1949 and the uninhibited use of private grounds and possession by the state made possible by collectivism. The points of emphasis of the new urban design were the creation of the centre of power of the GDR around the area of the City Palace demolished in 1950 and the old part of town to the east of it, as well as the planning of the Stalinallee.

For almost three decades Berlin was characterised by a regular demolition euphoria in which historical buildings and medieval street networks were virtually wiped out. By the time a new evaluation of Berlin's own architectural history had taken place during the early 1980s, with the International Building Exhibition (IBA) in West Berlin and the construction of the Nikolai Quarter in East Berlin, the modernists had already inflicted serious wounds in the form of motorways, areas for marching and

◀ Blick vom Strausberger Platz über das Stadtzentrum, 1960

so-called green spaces in their attempts to create a city for automobiles. With its strategy of urban repair combined with a simultaneous reconstruction of the traditional city and street system, Berlin had more or less become a pioneer in cautious urban renewal. This was to be the anticipation of a lasting urban development. The path followed by architects after the Reunification continues in the direction shown by these models from the 1980s, drawing a lesson from the history of the demolition and destruction of the post-war modern period. The current transformation and modernisation of economics and society in terms of architecture, therefore, differs essentially from the turn-of-the-century efforts of the Wilhelminian era.

Before the background of the radical urban-architectural and societal-political practice of the past two generations, the counter-position to the urban landscape of modernism explicitly became the official basis for the major projects in urban planning and architecture after the fall of the Berlin Wall. This was the abandonment of solitary buildings in the midst of undefined green areas and the return to a consciousness of a city in the homogeneous context of architecture. According to the thesis of Hans Stimmann, Berlin Senate Building Director from 1999 to 2006, the current societal transformation requires no essentially new model of urban-architectural concepts, but instead a return to consciousness of the successful tradition of urban-architectural structures connected to cautious experiments with the tradition of the European city and its elements – with streets, squares, parks and especially the typology of buildings. The European city means the separation of private and public utilisation as a societal form. Specifically, this means distinguishing between the definite »front« and »rear« of the buildings, between public streets and squares, private courtyards and gardens, as well as assigning a building its own definite address. Based on this thesis, the Berlin Senate Administration worked with two models: with the model of so-called critical reconstruction for the baroque Friedrichstadt and the model of the European city for the parts to be built near Potsdamer Platz and Alexanderplatz. Immediately after the change of political power, architects concentrated first on the baroque urban expansion of Dorotheenstadt and Friedrichstadt, which can still today be clearly seen in the city ground plan in its chessboard pattern. The urban-architectural method of critical reconstruction was applied as the basis for the new construction of this part of the city. This method, originally developed by the IBA for the southern part of Friedrichstadt, was further developed and concretised for individual city quarters. It should be possible to once again gradually experience the centre of Berlin in its historical strata and standards of urban space, as well as in its differentiated variety of utilisation, but at the same time as a place of contemporary architecture and economical relationships. The Senate attempted to limit the method of critical reconstruction to several simple rules:

◄ Blick vom Strausberger Platz über das Stadtzentrum, 1963

- The historical street network and historical building lines of the streets and squares are to be respected or reconstructed.

- The aim of the new construction is the house on its own parcel; the Berlin block is the maximum admissible parcel size.

- The maximum admissible height of the building is 22 metres up to the eaves and 30 metres up to the ridge.

- Proof of at least 20 percent of the gross commercial surface area for living is required for obtaining a building permit.

In general, the model of the European city with the strict separation of public streets, squares, and parks from private areas is stipulated. Using this idea of the city as a basis, such differing interpretations were created as those by Heinz Hilmer and Christoph Sattler for Potsdamer Platz and Leipziger Platz (1991), by Hans Kollhoff for Alexanderplatz (1993) and by Bernd Albers for the Friedrichswerder (2003). As different as the standard of these projects and the progress of their architectural realisation are, they are nonetheless based upon the essential principles of a European city. The architecture follows the abstract urban-architectural stipulations in its concrete building form. The building is subordinated to the city – just as the private owner must subordinate himself to a public building plan.

Berlin may be a provocation for many critics. It is the provocation of the everyday, the self-evident architecture based upon a 300-year-old urban figure – as in the example of Friedrichstadt. Berlin is certainly not a place where a new city was invented after the fall of the Wall. But Berlin is a central address in Europe for anyone who would like to get involved in an experiment with tradition and history. The following projects are devoted to this responsibility – with varying consistency. Above all, they show that ten years after the »Berlin façade controversy,« famous beyond the city limits, a young generation of architects has come of age which is producing »Berlin architecture« – without self-consciousness and free of all dogma.

Philipp Meuser

Großbaustelle Platz der Akademie (heute: Gendarmenmarkt), 1984 ▶

La ciudad y el edificio

Si hoy en día se contempla el desarrollo urbanístico de Berlín en los años pasados, es posible que las distintas arquitecturas resulten a veces decepcionantes. Aunque los artistas de la construcción más conocidos de nuestro tiempo realizaron sus diseños junto al río Spree, el resultado es comparativamente sobrio. Esto por un lado se puede deber al desarrollo demasiado rápido y la consiguiente presión de planificación que requirió la reunificación de la ciudad. Por otra parte, sin embargo, ello también puede deberse a la forma de la producción actual en el campo de la construcción, donde las decisiones sobre los detalles arquitectónicos muchas veces ya no dependen del arquitecto, sino que son asumidas por el controlador del proyecto.

En otro aspecto, no obstante, Berlín sí puede considerarse como ejemplar en el ámbito mundial. Se trata aquí de algo obvio, que solamente se abre a los expertos y conocedores del campo: es la disciplina de la construcción urbanística, que por razones de ambigüedad terminológica muchas veces se equipara con planificación urbana. Frente a este trasfondo, puede parecer como una señal del destino que sólo la suma de las arquitecturas individuales – lo cual ya se aproxima bastante al concepto de la construcción urbanística – es la que conforma la nueva imagen urbana de Berlín. Mientras que París y Londres se basan en el efecto medial de los edificios solitarios, Berlín brilla por lo cotidiano. Pero esto último no necesariamente debe equipararse con lo mediocre.

Para comenzar, he aquí algunos datos: Media generación después de la reunificación, Berlín todavía se encuentra sumida en un cambio que abarca la toda la estructura de la población, la economía, el aspecto social y cultural, y con ello también la planificación urbana y la arquitectura. Hoy en día, después de un retroceso en el número de habitantes de un 10% comparado con el año 1996, Berlín ya sólo cuenta con un número de habitantes de escasamente 3,5 millones. Esto corresponde a la situación registrada en 1990. Todavía en los tiempos del cambio, todos los pronósticos habían partido de la suposición de un fuerte crecimiento, de modo que las decisiones de política urbanística tomadas en aquel entonces actualmente se consideran en gran parte cómo exageradas. Entre estos ejemplos figura la construcción de más de 150.000 viviendas públicamente subsidiadas, al igual que la realización de varias zonas suburbanas. Una sobreproducción de espacio habitacional con un simultáneo descenso en el número de habitantes ha llevado a que actualmente en Berlín haya más de 100.000 viviendas desocupadas. En toda la Alemania oriental son más de un millón.

Bundeskanzleramt
Architekt: Axel Schultes/Charlotte Frank
2001   ▶

Berlín figura entre las ciudades, cuya imagen se ha modificado constantemente en el transcurso de los últimos siglos. Y Berlín también figura entre las ciudades alemanas que más intensamente son el objeto de nuevas planificaciones. Con cada cambio político o económico también se ha querido reformar la vieja ciudad para alcanzar una nueva y supuestamente mejor forma social: A finales del siglo XIX, en tiempos de fundación, el Berlín barroco cedió a los modernos edificios de grandes almacenes, hoteles y edificios del estado. Durante los años veinte del siglo XX, las visiones urbanas más relajadas dentro del modernismo pretendieron relevar aquella imagen del »Berlín pétreo«. Los protagonistas de aquel movimiento, tales como Ludwig Hilberseimer, que en aquel entonces propuso la demolición de la histórica zona de Friedrichstadt, sólo alcanzaron a dejar sus huellas en la teoría. Sin embargo, pocos años después, las ideas de destrucción urbana adquirieron un carácter real. Durante la era del nacionalsocialismo, Albert Speer proyectó un amplio eje norte-sur que pasaría por todo el medio de Berlín. La Segunda Guerra Mundial puso fin a estos planes. Después de que la ciudad fuera dividida en Berlín oriental y Berlín occidental, por un lado surgió la »capital socialista de la RDA« con amplios espacios y sitios para desfiles, mientras que por el otro lado surgió la versión democrática de la ciudad occidental con autovías y edificaciones según el modelo norteamericano.

El último plano que fue dibujado después de la Segunda Guerra Mundial para la ciudad entera, significativamente fue un plano de autovías que se posaba sobre la ciudad como una red. Este plano fue elaborado en 1946 bajo la dirección de Hans Scharoun e ingresó a la historia de la arquitectura como »plan colectivo«. Especialmente después de 1945, Berlín, debido a su papel como capital del Tercer Reich, era una ciudad con un deseo particularmente intenso de eliminar los edificios considerados como políticamente contaminados, incluyendo el plano histórico de la ciudad. Los arquitectos y la generación de planificadores de la posguerra trabajaron tanto en oriente como en occidente sumidos en una negación de su propia historia y con la fe puesta en el progreso técnico.

Después de que la guerra había dejado a la ciudad en ruinas, los ideales radicales pudieron ser vaciados en hormigón sin tener en cuenta el plano fundamental histórico de la ciudad. A diferencia de otros procesos similares en otras ciudades alemanas, Berlín fue escenario de una ambiciosa competencia urbanística y arquitectónica durante las décadas de la separación. Lo que estos sistemas competidores tenían en común era la destrucción consciente de la red de calles y plazas, de la arquitectura,

◀ *Sony Center*
Architekt: Helmut Jahn
1999

así como una demolición general de edificios históricos. El Berlín del pasado debía convertirse en una nueva ciudad durante esta transición hacia una nueva era, correspondiendo al respectivo color político, y en todo caso en una ciudad autosuficiente. Esto comenzó primero en Berlín oriental, con la fundación de la RDA en 1949, y debido al uso irrestricto de terrenos e inmuebles particulares por parte del estado, lo cual fue posible debido a la colectivización. Los centros de gravedad en la nueva configuración urbana fueron el diseño del centro de poder de la RDA en torno al área del antiguo palacio conocido como el »Stadtschloss« que fue demolido en 1950 y el casco urbano antiguo situado al este, así como la planificación de la avenida Stalinallee.

Durante casi tres décadas, Berlín permaneció sumida en una especie de euforia de demolición, en cuyo transcurso se eliminó la sustancia arquitectónica histórica y las redes de calles que databan incluso del medioevo. Cuando a comienzos de la década de los años ochenta se hizo una reevaluación de la propia historia arquitectónica en el marco de la Exposición Internacional de Construcción (IBA) en Berlín occidental y la construcción del barrio Nikolaiviertel en Berlín oriental, el modernismo orientado hacia las redes de tráfico ya había causado severas heridas en forma de autovías, zonas de congregación popular para desfiles y las así llamadas zonas verdes distanciadoras. Con la estrategia de una reparación urbana con una simultánea restitución de la red urbana y vial tradicional, Berlín se convirtió también en pionera de la renovación urbana cuidadosa y con ello también de un consecuente desarrollo urbano perdurable. El camino tomado después de la reunificación corresponde a éstos ideales de los años ochenta y ha sacado sus conclusiones de la historia de demolición y destrucción del modernismo de posguerra. Por lo tanto, la actual transformación y modernización de la economía y de la sociedad se diferencia fundamentalmente desde el punto de vista urbanístico de los esfuerzos realizados en los tiempos de fundación a principios del siglo pasado. Berlín reconoce expresamente su historia urbanística y arquitectónica – se trata de respetar todos los aspectos para llevar a cabo el proceso de modernización sin mayores demoliciones ni destrucciones, concentrándose especialmente en el aspecto del desarrollo interior de la ciudad, a fin de evitar un crecimiento incontrolado en sus márgenes.

Ante el trasfondo de una práctica de política urbanística y social radical durante las pasadas dos generaciones, después de la caída del muro de Berlín fue explícitamente la posición contraria al paisaje urbano del modernismo la que se convirtió en la base de los grandes proyectos urbanísticos y arquitectónicos: fue la despedida de las edificaciones solitarias en medio de

Potsdamer Platz 1
Architekt: Hans Kollhoff
2000   ▶

zonas verdes indefinidas y el retorno a una ciudad ubicada en el contexto homogéneo de la arquitectura. Según la tesis de Hans Stimmann, director de construcción del senado de Berlín desde 1999 hasta 2006, la transformación social actual no requiere un modelo esencialmente nuevo de conceptos urbanísticos, sino un retorno a la tradición exitosa de las estructuras urbanísticas en combinación con cautelosos experimentos con la tradición de la ciudad europea y sus elementos – es decir, con las calles, plazas, parques y sobre todo con la tipología de los edificios. La ciudad europea; como forma social esto significaría la separación del uso privado y público. Concretamente significa: diferenciar en cada proyecto entre el »lado anterior« y el »lado posterior« de los edificios, así como de las calles y plazas públicas, los patios y jardines privados, asignando al edificio una dirección inequívoca.

Basado en estas tesis, la administración del senado de Berlín trabajó con dos modelos ideales: el modelo de la así llamada reconstrucción crítica para la zona barroca de Friedrichstadt y el modelo de la ciudad europea para las nuevas edificaciones a ser realizadas en el área de las plazas Potsdamer Platz y Alexanderplatz. Inmediatamente después de los acontecimientos que llevaron a la reunificación, el interés se centró primeramente en la ampliación urbana barroca, las zonas de Dorotheenstadt y Friedrichstadt, que hasta la fecha actual se pueden identificar en el plano fundamental de la ciudad por su diseño cuadriculado en forma de tablero de ajedrez. Para esta parte de la ciudad, se aplicó el método urbanístico de la reconstrucción crítica como base de las nuevas edificaciones. Este método que en un principio fue desarrollado por la IBA para la zona sur de Friedrichstadt, se continuó aplicando y concretizando para distintos barrios de la ciudad. Se quería lograr que el centro de Berlín volviera a ser experimentable paulatinamente en sus estratos históricos y en las escalas de los espacios urbanos, así como en su diferenciada pluralidad de usos, pero al mismo tiempo también como sitio para la arquitectura contemporánea y sus correspondientes contextos económicos. El senado intentó limitar el método de la reconstrucción crítica a unas reglas sencillas:

• La red histórica de calles, y en este contexto también las líneas de edificación históricas de las calles y plazas, deben respetarse o reconstruirse.

• El objetivo de las nuevas edificaciones se centra en el edificio urbano construido sobre su propia parcela, con un tamaño de parcela máximo admitido equivalente a la cuadra berlinesa.

◄ Neue Nationalgalerie
    Architekt: Ludwig Mies van der Rohe
    1969

- La altura máxima permitida de la edificación hasta el canalón es de 22 metros y hasta la cumbrera de 30 metros.

- Como condición previa para obtener el permiso de construcción se exige el comprobante de por lo menos un 20 por ciento de superficie comercial bruta y el uso residencial.

En general se ha especificado el modelo de la ciudad europea con una estricta separación de calles, plazas y parques públicos con respecto a las superficies privadas. Sobre la base de esta idea urbana surgieron distintas interpretaciones, tales como las de Heinz Hilmer y Christoph Sattler para las plazas Potsdamer Platz y Leipziger Platz (1991), de Hans Kollhoff para la plaza Alexanderplatz (1993) o de Bernd Albers para la zona de Friedrichswerder (2003). Por diferente que sea la escala de estos proyectos y el progreso de su realización arquitectónica, los mismos continúan basándose en los fundamentos esenciales de una ciudad europea. En su forma de edificación concreta, la arquitectura se apega a las especificaciones urbanísticas abstractas. El edificio se subordina a la ciudad – de la misma manera que el constructor privado debe subordinarse a un plan de edificación público.

Para muchos críticos, Berlín puede ser una provocación. Es la provocación de lo cotidiano, de la arquitectura sobreentendida sobre la base de una figura urbanística de más de 300 años de antigüedad, tal como en el ejemplo de Friedrichstadt. Berlín con toda seguridad no es un sitio en el que después de la caída del muro se haya inventado una nueva ciudad. Pero quien se interese por un experimento realizado con la tradición y la historia, encontrará en Berlín un punto de referencia central en Europa. Los siguientes proyectos se han comprometido – con distintos grados de consecuencia – con esta responsabilidad. Y sobre todo nos muestran que a más de diez años después del así llamado »pleito de las fachadas berlinesas«, que llegó a conocerse incluso más allá de las fronteras de la ciudad, ha surgido una joven generación de arquitectos que de un modo completamente no dogmático e inconsciente producen »arquitectura berlinesa«.

Philipp Meuser

Bürohäuser am Potsdamer Platz
Architekt: Renzo Piano/Christoph Kohlbecker, Hans Kollhoff, Helmut Jahn
1998-2000   ▶

Город и дом

Если проанализировать сегодня последние годы городского строительства в Берлине, то архитектура отдельных сооружений может вызвать чувство разочарования. Несмотря на то, что на берегах Шпрее свои проекты реализовали самые знаменитые архитекторы современности, результат получился не совсем удовлетворительный. Причиной этому может являться сверхбыстрое развитие и обусловленные этим сжатые сроки проектирования, что требовалось после воссоединения города. С другой стороны, возможно, что проблема заключается в современном строительстве, при котором выбор архитектурных деталей зачастую выполняется уже не архитекторами, а лицами, контролирующими реализацию проекта.

С другой точки зрения, однако, Берлин является общемировым образцом. При этом речь идет о само собой разумеющемся аспекте, понятном лишь специалистам и знатокам – о дисциплине градостроительства, которую вследствие неопределенности понятий часто отождествляют с планированием развития города. В этой связи подарком судьбы можно считать тот факт, что новый облик Берлина представляет собой в первую очередь сумму отдельных архитектурных сооружений, что само по себе уже весьма близко к понятию градостроительства. В то время, как Париж и Лондон делают ставку на медиальное воздействие отдельных зданий, Берлин выделяется своей повседневностью. Причем последнее совсем не обязательно должно отождествляться с заурядностью.

Вначале приведем несколько цифр. Спустя полпоколения после воссоединения Берлин все еще находится в стадии реорганизации, что касается структуры населения, экономики, социальной и культурной сферы, то есть также градостроительства и архитектуры. На сегодняшний день – после сокращения численности населения на десять процентов в сравнении с 1996 годов – в Берлине проживают лишь около 3,5 млн. жителей. Это соответствует уровню 1990 года. Если в годы воссоединения все прогнозы предсказывали значительный рост, то в настоящее время принятые тогда политические решения в сфере городского строительства расцениваются как многократно преувеличенные. Сюда относится, например, строительство 150 000 новых квартир с государственными субсидиями, а также застройка целого ряда окраинных районов. Переизбыток жилой площади при снижении численности населения привел к тому, что на данный момент в Берлине остаются незаселенными более 100 000 квартир. По всей Восточной Германии таких квартир больше миллиона.

Берлин принадлежит к числу городов, внешний облик которых за последние столетия постоянно менялся. Берлин также относится к тем немецким городам, которые наиболее интенсивно и постоянно перестраивались в результате планирования. При каждой новой политической или экономической реорганизации принималось решение снести старую застройку, чтобы освободить место для новой и, как предполагалось, лучшей общественной формы. Так, в конце 19-го века, в период грюндерства, барочный Берлин уступил место современным магазинам, отелям и городским сооружениям. В двадцатые годы 20-го века свободные градостроительные идеи модернизма должны были прийти на смену »каменному Берлину«. Зачинатели того движения, например, Людвиг Гильберсаймер, предложивший тогда снести исторический Фридрихштадт, оставили свой след, однако, лишь в теории. Однако, всего лишь ряд лет спустя идеи о разрушении города стали былью. В эпоху национал-социализма Альберт Шпеер спроектировал широкую по площади ось, проходящую через Берлин с севера на юг, но Вторая мировая война положила конец этим планам. После раздела города на Восточный и Западный Берлин с одной стороны возникла »социалистическая столица ГДР« с широкими магистралями и обширными площадями для парадов, а с другой стороны – демократическое окно на Запад с автострадами и деловым центром по американскому образцу.

Примечательно, что последним планом объединенного города, вычерченным после Второй мировой войны, явилась схема автомагистралей, словно сеть покрывающая город. Она была составлена в 1946 году под руководством Ганса Шаруна и вошла в историю архитектуры как »коллективный план«. В особенности после 1945 года в Берлине – вследствие его роли как столицы третьего рейха – особенно сильно было выражено стремление к сносу политически инфицированных зданий и исторической городской застройки. Поколение архитекторов и проектировщиков послевоенного времени работало как в восточной, так и в западной части города, отрицая собственную историю и веру в технический прогресс.

После того, как война превратила город в руины, можно было реализовать радикальные идеалы в бетоне, не принимая во внимание историческую застройку. В отличие от аналогичных процессов в других городах Германии, Берлин в течение десятилетий раздела города являлся местом честолюбивой конкуренции политических систем в сфере градостроительства и архитектуры. Обе конкурирующие системы объединяло сознательное разрушение имеющейся

◄ Alexanderplatz und Fernsehturm, 2006

структуры улиц и площадей, городской архитектуры, а также повсеместный снос исторических зданий. Стояла задача в процессе перехода к новым временам превратить Берлин прошлого в новый, соответствующий политической ориентации, но обязательно при этом удобный для автотранспорта город. Это сперва началось в Восточном Берлине после образования ГДР в 1949 году и ставшей возможным в результате коллективизации безудержной экспроприации частной земельной собственности. Основными мероприятиями в ходе новой городской застройки явился проект создания нового центра государственной власти ГДР вокруг территории снесенного в 1950 году городского дворца и расположенного к востоку от него исторического центра, а также проект аллеи Сталина.

Почти три десятилетия после этого Берлин был практически охвачен эйфорией сноса, в ходе которой были буквально стерты с лица земли исторические здания и средневековые улицы. Когда в начале восьмидесятых годов Международная строительная выставка (IBA) в Западном Берлине и строительство квартала вокруг церкви Св. Николая в Восточном Берлине вызвали переоценку собственной истории архитектуры, ориентированный на развитие транспортных магистралей модернизм уже оставил глубокие раны в виде автострад, площадей для парадов и так называемых разделительных зеленых насаждений. Благодаря стратегии ремонта городских построек при одновременном восстановлении традиционной структуры города и улиц Берлин в равной степени стал примером бережного обновления города и, тем самым, также перспективного и непрерывного городского строительства.

Выбранный после воссоединения путь продолжает традицию этих образцов восьмидесятых годов с учетом уроков сноса и разрушений модернизма послевоенных лет. Поэтому современная перестройка и модернизация экономики и общества с точки зрения градостроительства существенно отличается от стремлений эпохи грюндерства в начале прошлого тысячелетия. Берлин безоговорочно придерживается традиций своей градостроительной и архитектурной истории, стремясь с уважением относится ко всем ее аспектам, осуществлять процесс модернизации без крупномасштабных сносов и разрушений, концентрируясь на внутреннем развитии города, чтобы предотвратить неконтролируемый рост окраинных районов.

На фоне радикальной градостроительной и общественно-политической практики прошедших двух поколений после падения Стены в Берлине официальной базой крупных градостроительных и архитектурных проектов стала позиция, явно противоположная городскому ландшафту модернизма: отказ от отдельных строений посредине неопределенных озелененных площадей и возврат к городской застройке в гомогенной архитектурной концепции. Для современной общественной реорганизации по словам Ганса Штиммана, ответственного уполномоченного берлинского Сената по строительству в период с 1999 по 2006 год, не требуется принципиально новый образец градостроительных концепций, а лишь возврат к успешной традиции структур городской застройки в сочетании с бережным экспериментированием по отношению к традициям европейского города и его элементов – то есть улицам, площадям, паркам и, что самое главное, типологии зданий.

Европейский город как общественная форма означает разделение частной и общественной сферы использования. Конкретно говоря: в каждом проекте необходимо различать между »передним« и »задним« планом домов, обеспечив городским улицам и площадям, частным дворам и садам, а также зданиям четкую адресацию. На этой базе сенатское управление Берлина в своей работе использует два основных образца: так называемую критическую реконструкцию барочного Фридрихштадта и образец европейского города для вновь застраиваемых районов на территории Потсдамер Платц и Александерплатц. Сразу после воссоединения усилия были сконцентрированы вначале на расширении барочной части города – района Доротеен- и Фридрихштадт, что по сегодняшний день прослеживается на плане города их шахматным расположением. В этой части города в качестве основы для нового строительства был использован градостроительный метод критичной реконструкции. Этот метод, первоначально разработанный на международной выставке IBA для южной части Фридрихштадта, был продолжен и конкретизирован для отдельных городских кварталов. Центр Берлина должен постепенно вновь обрести городские пространства в многообразии своих исторических напластований, масштабов и различного назначения зданий, а также одновременно стать местом создания современной архитектуры и экономических структур. Сенат пытается ограничить метод критической реконструкции простыми правилами:

◄ Nikolaiviertel mit Nikolaikirche, 2006

- Должна быть соблюдена или восстановлена историческая сеть улиц и в этой связи также соблюдены или восстановлены линии застройки улиц и площадей.

- Целью нового строительства является городской дом на его собственном участке земли, причем максимальным разрешенным размером участка является берлинский квартал.

- Максимально допустимая высота застройки до ската крыши составляет 22 метра, а до конька крыши – 30 метров.

- Условием для получения разрешения на строительство является подтверждение использования минимум 20 процентов площади брутто под коммерческие предприятия и жилье.

В целом основополагающим является образец европейского города с четким разделом городских улиц, площадей и парков от частной территории. На базе этой идеи развития города возникли столь разные интерпретации, как проект Потсдамер и Лейпцигер Платц Хайнца Гильмера и Кристофера Заттлера (1991 год), проект Александерплатц Ганса Кольхофа (1993 год) или разработанный Берндом Альберсом проект Фридрихсвердера (2003 год). Несмотря на различные масштабы этих проектов и степень их архитектурной реализации все они базируются на концепциях европейского города. Архитектура в своих конкретных формах зданий следует абстрактным градостроительным нормам. Дом подчиняется городским условиям так же, как частный застройщик обязан подчиняться плану городской застройки.

Для многих критиков Берлин является вызовом. Но это вызов повседневности, естественной архитектуры на основе – как показывает пример Фридрихштадта – принципа градостроительства с более чем 300-летней историей. Берлин, конечно же, не был создан как новый город после падения Стены. Но для тех, кто готов экспериментировать с традицией и историей, Берлин занимает центральное место в Европе. Представленные проекты – с различной последовательностью – демонстрируют осознанность данной ответственности. Они также, главным образом, показывают, что за прошедшие десять лет после ставшего известным за пределами города »берлинского фасадного конфликта« выросло поколение молодых архитекторов, инстинктивно и с полным отсутствием догм создающее »берлинскую архитектуру«.

Филипп Мойзер

Wenn man ein Gebäude nicht schnell wieder von der Bildfläche verschwinden lassen kann, sobald man es leid geworden ist, muss eine frische Qualität gesucht werden, die nicht ermüdet und gleichwohl nicht bloß dem Modischen huldigt. Das kann nur eine Ästhetik der Einfachheit, der Klarheit, der Ruhe sein. Eine Ästhetik der Ordnung, in deren Leere jeder einzelne seine eigenen Träume projizieren kann.

If one can't make a building disappear from the scene as soon as one tires of it, one must search for a fresh quality which is not tiresome but nevertheless does not merely pay homage to fashion. This can only be an aesthetic of simplicity, clarity and calmness. An aesthetic of order, in the emptiness of which each individual can project his own dreams.

Si un edificio no se puede volver a hacer desaparecer rápidamente del paisaje cuando uno se haya cansado de él, se tendrá que buscar entonces una nueva calidad que no canse y que tampoco se limite solamente a rendir culto a la moda. Esto sólo puede darse a través de una estética de la sencillez, la claridad y la tranquilidad. Una estética del orden, dentro de cuyo vacío cada quien puede proyectar sus propios sueños.

Если нельзя быстро снести неподходящее здание, то нужно найти такое решение, которое не утомляет своим внешним видом и одновременно слепо не следует моде. Этому требованию удовлетворяет лишь эстетика простоты, ясности и покоя. Эстетика организации, в пустоте которой каждый отдельный человек может предаться своим собственным мечтам.

Vittorio Magnago Lampugnani, 1993

Stadthotel | City Hotel | Hotel metropolitano | Городской отель

Hotel *The Ritz-Carlton* mit *Tower Apartments* am Potsdamer Platz, 2003
Hilmer & Sattler und Albrecht

Das Fünfsternehotel *The Ritz-Carlton* gehört zu den jüngsten Hochhäusern, die auf dem Lenné-Dreieck am Potsdamer Platz errichtet worden sind. Formal orientieren sich die Bauten an den Art-déco-Hochhäusern New Yorks und Chicagos und sind doch in ihrer steinernen Materialität einer europäischen Großstadtarchitektur verpflichtet. Der Hotelkomplex mit 300 Zimmern beherbergt vier Restaurants, Tagungsräume, einen Ballsaal und einen separaten Luxus-Apartmentbereich, untergebracht im 72 Meter hohen Turm. Als sichtbares Baumaterial ist ein heller Kalkstein verwendet worden. Vorgelagerte Lisenen steigern die Vertikalität der monumentalen Fassade. In der Turmspitze sind die Initialen BC eingemeißelt, die für *Beisheim Center* stehen und eine Reminiszens an den Bauherrn Otto Beisheim sind; sie verleihen der Architektur eine nahezu denkmalartige Geste.

Stadthotel | City Hotel | Hotel metropolitano | Городской отель

The five-star *Ritz-Carlton Hotel* is one of the most recent high-rise structures to be erected on the Lenné Triangle at Potsdamer Platz. In terms of form, the buildings are orientated on the art deco high-rises in New York and Chicago, but nonetheless owe a great deal to European urban architecture in their stone materiality. The hotel complex with 300 rooms, four restaurants, conference rooms and a ballroom consists of a 72-metre-high tower and a considerably lower main body. A light-coloured limestone is the visible building material. Pilaster strips placed towards the front increase the verticality of the monumental façade. The letters BC are chiselled into the tip of the tower at the very top; these stand for Beisheim Centre and remind us of the owner, Otto Beisheim. They lend the architecture an almost monumental gesture.

El hotel de cinco estrellas *The Ritz-Carlton* figura entre los edificios altos más recientes que se han construido en el triángulo de Lenné junto a la plaza Potsdamer Platz. En el aspecto formal, las construcciones se orientan por los edificios Art Déco de Nueva York y Chicago, pero aun así permanecen comprometidos con la materialidad pétrea de una arquitectura metropolitana europea. El complejo hotelero, con 300 habitaciones, cuatro restaurantes, salas para congresos y un salón de baile, está formado por una torre de 72 metros de altura y un cuerpo de construcción notablemente más baja. Como material de construcción visible se ha utilizado piedra caliza clara. Los refuerzos de pilastra antepuestos aumentan la verticalidad de la monumental fachada. En la punta de la torre, en el punto más alto, se encuentran talladas las iniciales BC, representando el nombre de Beisheim-Center y recordando a su propietario Otto Beisheim; imparten a la arquitectura un gesto casi de monumento.

Пятизвездочный отель »Ритц-Карлтон« относится к числу высотных зданий, возведенных в последние годы на треугольном участке »Ленне« на Потсдамер Платц. Формально здания ориентированы на высотные дома стиля ар деко в Нью-Йорке и Чикаго, но по использованному в них камню продолжают традиции европейской архитектуры больших городов. Комплекс отеля с 300 номерами, четырьмя ресторанами, конференц-залами и бальным залом состоит из башни высотой 72 метра и значительно более низкого корпуса здания. В качестве внешнего строительного материала использован светлый известняк. Выдвинутые вперед лизены подчеркивают вертикальность монументального фасада. На вершине башни высечены инициалы »ВС«, означающие »Байсхайм-Центр«, в честь застройщика Отто Байсхайма; они придают архитектуре характер почти архитектурного памятника.

Architekt
Hilmer & Sattler und Albrecht, Berlin

Projektleiter
Herman Duquesnoy

Projektbeteiligte
Generalplaner: Intertec Ingenieurgesellschaft für Hochbau mbH, Berlin
Innenarchitekt: Hotel Interior Design, Peter Silling GmbH, Köln
Landschaftsarchitekt: Thomanek + Duquesnoy, Landschaftsarchitekten, Berlin
Lichtplanung: LichtKunstLicht, Ingenieure Designer Architekten für Beleuchtung GmbH, Berlin

Bauherr
Immago AG, Baar/Schweiz

Lage
Potsdamer Platz 4

Fotograf
Stefan Müller, Berlin

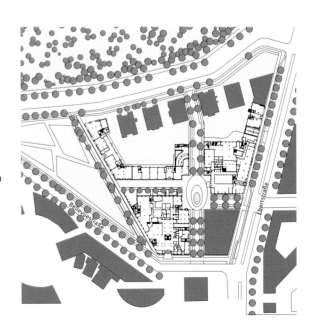

Lageplan

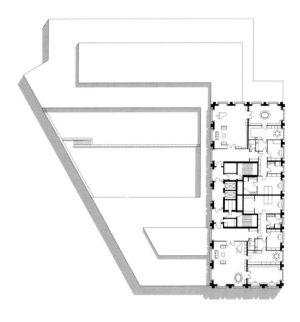

Normalgeschosse Turm

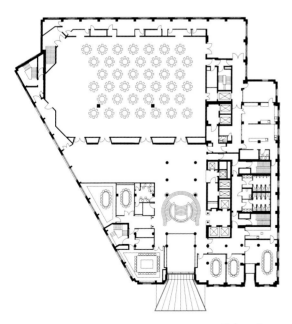

Erdgeschoss

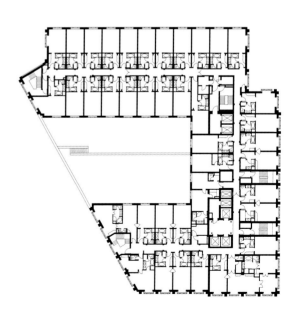

Normalgeschosse

Hotel *Concorde* in der Augsburger Straße, 2005
Jan Kleihues, Kleihues + Kleihues

Am Kurfürstendamm sind in den vergangenen zehn Jahren rund um das weltberühmte Kranzler-Eck mehrere Neubauten errichtet worden. Das Hotelgebäude von Jan Kleihues überdeckt mit seinem Baukörper das spitzwinkelige Grundstück und bildet eine monumentale Figur. Zum Kurfürstendamm staffelt es sich auf insgesamt 18 Geschosse und behauptet sich selbstbewusst hinter dem konkurrierenden *Swissôtel*. Schmale Fenster und kräftig profilierte Brüstungsbänder kennzeichnen den mit hellem Muschelkalk verkleideten Hotelbau und schaffen ein harmonisches Gleichgewicht von horizontalen und vertikalen Linien. Auch für die Innenarchitektur ist Kleihues verantwortlich: Bei der Einrichtung wurde ein zeitloses Design in schlichter Eleganz gewählt, das zwar konsequent modern ist, jedoch auch noch in 20 Jahren Bestand haben soll.

Several new buildings have been erected on the Kurfürstendamm around the famous Kranzler corner during the past ten years. The hotel building by Jan Kleihues covers over the acute-angled property, forming a monumental figure. Its total of eighteen staggered storeys on the Kurfürstendamm exudes great confidence behind the competing *Swissôtel*. Narrow windows and powerfully profiled parapet bands characterise the hotel structure covered with shell-limestone, creating a harmonic balance between horizontal and vertical lines. Kleihues is also responsible for the interior architecture. A timeless design of simple elegance was selected for the installation which is consistently modern yet also intended to last in twenty years' time.

En el transcurso de los últimos diez años, en la avenida Kurfürstendamm se han construido varios edificios nuevos en torno al mundialmente famoso Kranzler-Eck. El edificio de hotel de Jan Kleihues cubre con su cuerpo constructivo el terreno de ángulo agudo y constituye una figura monumental. Hacia el lado de la avenida Kurfürstendamm, el edificio se eleva escalonadamente a un total de 18 plantas y se mantiene orgulloso y consciente de su propia valía detrás de su competidor, el *Swissôtel*. Las estrechas ventanas y las bandas de antepecho fuertemente perfiladas caracterizan a este edificio de hotel revestido con caliza conchífera clara y crean un equilibrio armónico entre las líneas horizontales y verticales. Kleihues también es responsable de la arquitectura de interiores: Para las instalaciones se eligió un diseño intemporal de sencilla elegancia, que además de ser resolutamente moderno, también deberá tener vigencia aún dentro de 20 años.

На Курфюрстендамм за последние десять лет по соседству с знаменитым на весь мир кафе »Кранцлер« было сооружено несколько новых зданий. Построенное Клейхуесом здание отеля перекрывает остроугольную территорию и образует монументальную фигуру. На Курфюрстендамм выходят ступенчато 18 этажей, уверенно возвышаясь за конкурентом – отелем »Swissôtel«. Узкие окна и резко профилированные до блеска ярусы парапета характеризует отделанное ракушечником здание отеля и создают гармоничный баланс горизонтальных и вертикальных линий. Интерьер также оформлен Клейхуесом. Для внутренней отделки был выбран модный во все времена дизайн, скромная элегантность которого современна и останется таковой даже через 20 лет.

Architekt
Jan Kleihues, Kleihues + Kleihues, Berlin

Projektleiter
Johannes Kressner

Projektbeteiligte
GU Rohbau und Fassade: Baugesellschaft Walter Hellmich GmbH, Dinslaken
GU Innenausbau: Lindner AG, Arnstorf
Fassadenplanung: Erich Mosbacher Planungsbüro für Fassadentechnik, Friedrichshafen
Kelheimer Naturstein GmbH, Essing
Reinhold & Mahla AG Fassadentechnik, Oststeinbek

Bauherr
Grothe Immobilien Projektierung KG, Bremen

Lage
Augsburger Straße 41

Fotograf
Stefan Müller, Berlin (65, 66, 68)
Carsten Witte, Hamburg (69)

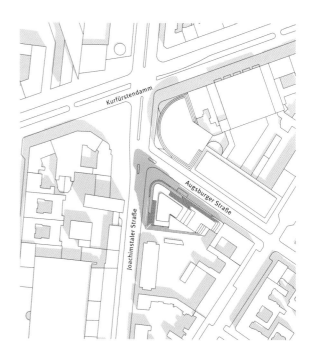

Lageplan

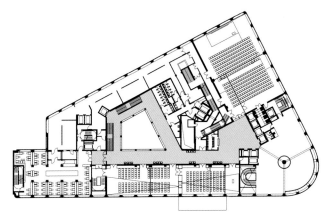

1. Obergeschoss

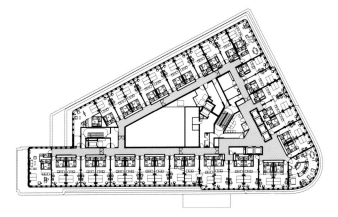

Zwischengeschoss

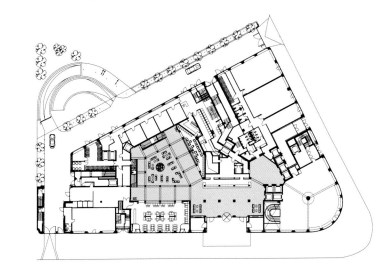

Erdgeschoss

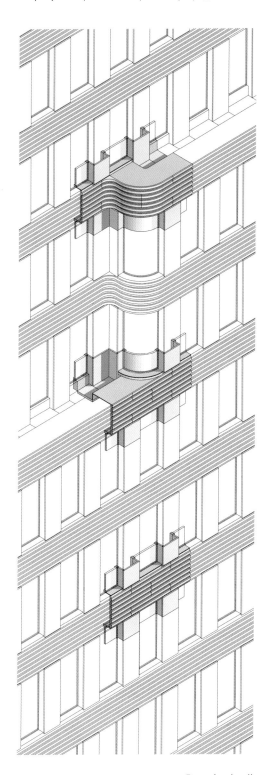

Fassadendetail

Dorint Novotel in der Straße des 17. Juni, 2005
Ortner + Ortner Baukunst

Auf dem ehemaligen Gelände der Königlichen Porzellan-Manufaktur ist ein 60 Meter hoher Hotel- und Bürobau entstanden, der zwischen dem Hansaviertel und dem Ernst-Reuter-Platz einen städtebaulichen Akzent setzt. Das 19-geschossige Gebäude mit zwei Untergeschossen und 17 Obergeschossen gliedert sich im Wesentlichen in zwei Bereiche: in einen siebengeschossigen Hotelsockel mit knapp 300 Zimmern und einen zehngeschossigen Büroturm. Das gesamte Gebäude ist mit einer gegliederten Natursteinfassade aus grauem Muschelkalk verkleidet. Im Erdgeschoss erscheint der Stein durch die glatt marmorierte, dunkelgrau-braune Oberfläche noch hochwertiger. Insgesamt ist es Ortner + Ortner gelungen, mit der massiven Architektur einen großstädtischen Gegenpol zum Hansaviertel und dessen Philosophie der Stadtlandschaft zu schaffen.

A 60-metre-high hotel and office building has been erected on the former grounds of the Königliche Porzellan-Manufaktur (Royal Porcelain Manufacturers, KPM); its height makes a strong urban architectural impression between the Hansaviertel quarter and Ernst-Reuter-Platz. The 19-storey building with two underground storeys and 17 upper storeys is basically arranged into two areas – the seven-storey hotel foundation with approximately 300 rooms and the ten-storey office tower. The entire building is covered with a structured natural-stone façade of grey shell-limestone. On the ground floor, the stone appears even more high-grade thanks to the smoothly marbled, dark-green/brown surface. Ortner + Ortner have succeeded in creating both a metropolitan counterpart to the Hansa Quarter and their own philosophy of urban landscape with this massive architecture on the other side of the city railway route.

Sobre el antiguo terreno de la Königliche Porzellan-Manufaktur (Manufactura Real de Porcelana) ha surgido un alto edificio de hotel y oficinas, que con su altura marca un acento urbanístico entre el la zona del Hansaviertel y la plaza Ernst-Reuter-Platz. El edificio de 19 plantas con dos pisos bajos y 17 pisos superiores esencialmente se divide en dos secciones, es decir, el zócalo de hotel de siete plantas con unas 300 habitaciones y la torre de oficinas de diez plantas. El edificio entero está revestido con una fachada estructurada de piedra natural de caliza conchífera. En la planta baja, la piedra parece aun más valiosa por su superficie lisa veteada de color entre gris oscuro y marrón. En general, con esta masiva arquitectura emplazada más allá de la vía del tren suburbano, Ortner + Ortner han logrado crear un polo contrario con respecto al barrio del Hansaviertel y su filosofía del paisaje urbano.

На территории бывшей Королевской фарфоровой фабрики построено гостинично-офисное здание высотой 60 метров, за счет своей высоты являющейся приметным объектом застройки между кварталом Ганза и Эрнст-Ройтер-Платц. 19-этажное здание с двумя подземными 17 надземными этажами разделено на 2 основные зоны – семиэтажный цоколь отеля примерно на 300 номеров и десятиэтажную офисную башню. Все здание облицовано структурированным фасадом из природного серого известняка. В первом этаже камень за счет гладкой поверхности под мрамор темно-серого и коричневого цвета имеет еще более высококачественную отделку. В целом архитектурной фирме Ortner + Ortner удалось посредством массивного архитектурного сооружения по другую сторону трассы городской железной дороги создать противоположный полюс кварталу Ганзы в концепции мегаполисной застройки и философии городского ландшафта.

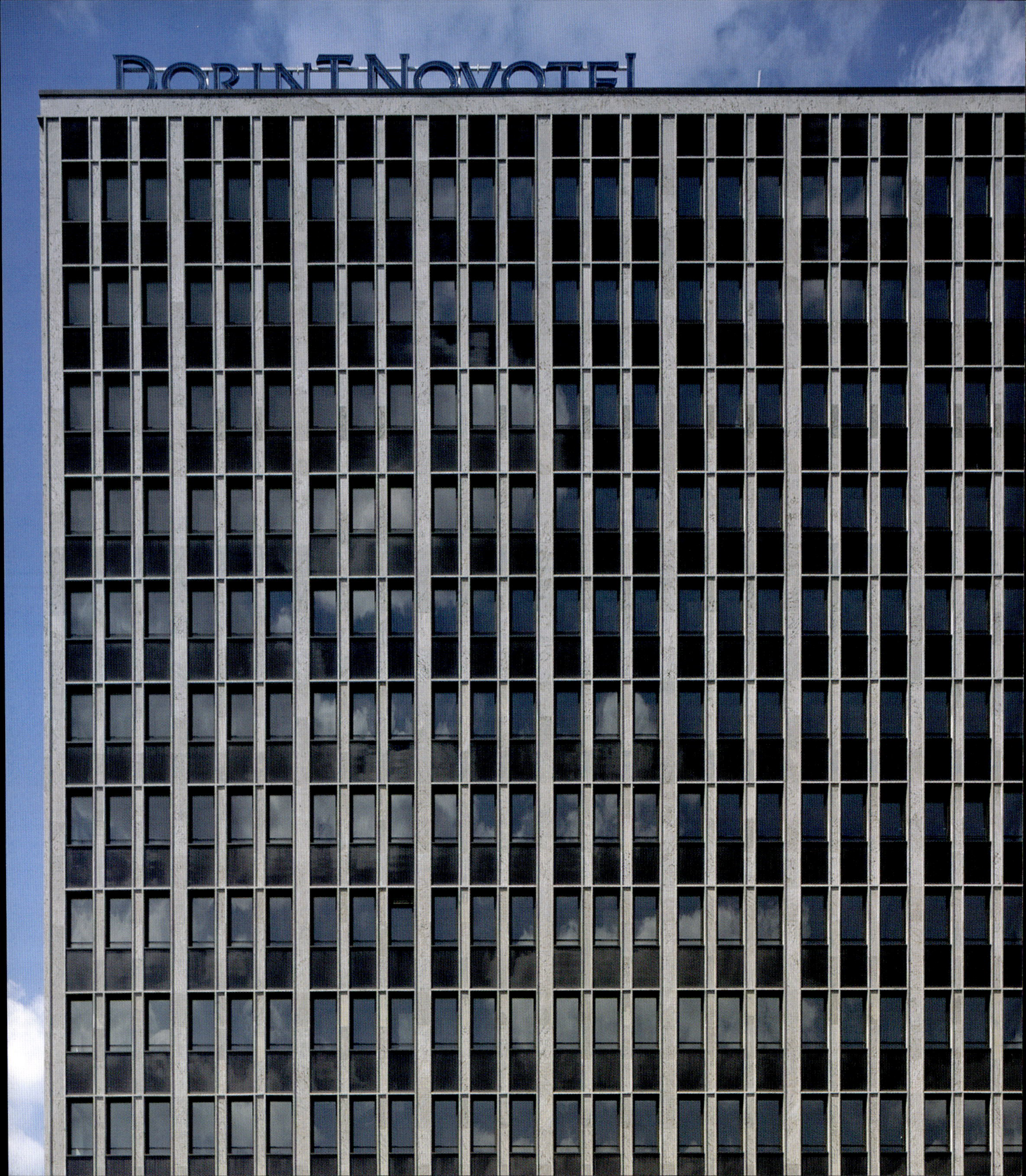
DORINT NOVOTEL

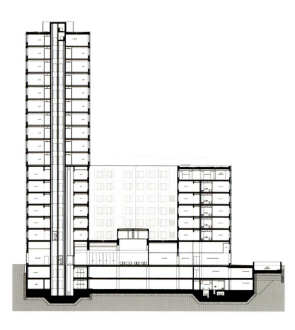

Schnitt

Architekt
Ortner + Ortner Baukunst, Berlin

Projektleiter
Städtebau: Markus Penell
Hochbau: Florian Matzker

Projektbeteiligte
Generalunternehmer: Bauwens, Köln
Statik: Krebs + Kiefer, Berlin

Bauherr
Bavaria Projektentwicklung GmbH, Berlin
Theseus Immobilien GmbH & Co., Berlin

Lage
Straße des 17. Juni 106-108

Fotograf
Stefan Müller, Berlin

Lageplan

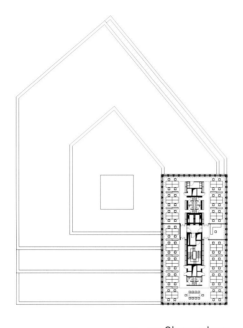

7. – 15. Obergeschoss

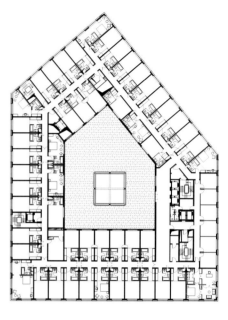

1. Obergeschoss

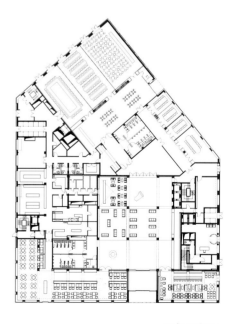

Erdgeschoss

Maritim Hotel in der Stauffenbergstraße, 2005
Jan Kleihues, Kleihues + Kleihues

Das Kongresshotel befindet sich im Dreieck von Diplomatenviertel, Kulturforum und Landwehrkanal. Bei der Errichtung lag die gestalterische Herausforderung in der behutsamen Anpassung an die bauliche Nachbarschaft. Zusammen mit dem *Shell-Haus*, einem architektonischen Zeugnis der späten Zwanzigerjahre, bildet das Hotel ein Ensemble. Gleichzeitig diente das denkmalgeschützte Bauwerk von Emil Fahrenkamp als Vorlage, der sich der Hotelbau unterordnet. Traufkante und Bauflucht sind übernommen, der Übergang von Alt zu Neu formuliert sich in der Ausbildung eines elfgeschossigen Turms. Bei der Gestaltung der Travertin-Fassaden findet eine plastische Hervorhebung durch horizontale Fugen statt. Jan Kleihues ist es gelungen, dem Neubau dieselbe architektonische Qualität zu verleihen, wie sie vor knapp 80 Jahren von Fahrenkamp erreicht wurde.

The congress hotel is situated in the triangle comprising the diplomatic quarter, Kulturforum (Cultural Forum) and Landwehr Canal. The main challenge in designing it was in the careful adjustment to the architectural neighbourhood. The hotel forms an ensemble together with the *Shell-Haus*, an architecture legacy from the late 1920s. At the same time, the building by Emil Fahrenkamp under historical monument protection served as a model for the hotel building. Eaves and building lines have been incorporated; the transition from old to new is formulated in the formation of an eleven-storey tower. There is a plastic relief through horizontal mortises, as notches in the lower storeys and as tongues in the upper ones, in the design of the travertine façades. All things considered, Jan Kleihues has succeeded in giving the same architectural quality to the new building that Fahrenkamp achieved eighty years ago.

El hotel para congresos se encuentra emplazado en el triángulo formado por el barrio diplomático, el Kulturforum (Foro Cultural) y el canal Landwehrkanal. El proceso de construcción estuvo marcado por el reto creativo de una cuidadosa adaptación al entorno arquitectónico. El hotel forma conjunto con el edificio *Shell-Haus*, un testimonio arquitectónico de finales de los años veinte. Al mismo tiempo, el edificio colocado bajo protección de monumento de Emil Fahrenkamp sirvió como modelo, al cual se subordinó la construcción del hotel. El borde de gotera y la línea de edificación se han adoptado del modelo, mientras que la transición de lo antiguo a lo nuevo se formula en la configuración de una torre de once plantas. En la configuración de las fachadas de Travertin se produce un realzamiento plástico mediante juntas horizontales, en las plantas inferiores como ranura y en las superiores como lengüeta. En general, Jan Kleihues ha logrado darle a esta obra nueva la misma calidad arquitectónica como la que fue alcanzada hace unos 80 años atrás por Fahrenkamp.

Конгресс-отель расположен в треугольнике между дипломатическим кварталом, Культурфорумом и Ландверканалом. При его сооружении стояла задача за счет архитектурного оформления продуманным образом согласовать его с соседними зданиями. Отель образует общий ансамбль с зданием »Шелл«, которое по своему архитектурному стилю является образцом конца двадцатых годов. Одновременно находящееся под охраной архитектурных памятников сооружение Эмиля Фаренкампа послужило отправной точкой, на которую ориентировалось здание отеля. Были взяты имеющаяся кромка ската крыши и линия застройки, а переход от старого к новому сформулирован в конструкции одиннадцатиэтажной башни. В оформлении фасадов из травертина имеет место пластическое выражение горизонтальными стыками, в нижних этажах в виде паза, а в верхних – гребня. В целом Яну Клейхусу удалось придать новому сооружению то же архитектурное качество, которого почти 80 лет назад достиг Эмиль Фаренкамп.

Architekt
Jan Kleihues, Kleihues + Kleihues, Berlin

Projektleiter
Manfred Kruschwitz

Projektbeteiligte
GU Hochbau: Hochtief Construction AG, Berlin
Tragwerksplanung: BGS Ingenieurgesellschaft für Bau- und Verkehrswesen mbH, Berlin
Fassade: Hofmann GmbH & Co. KG, Gamburg; Lauster Steinbau GmbH, Stuttgart
Fenster: Anders Metallbau GmbH, Fritzlar

Bauherr
Viterra Development GmbH, Essen

Lage
Stauffenbergstraße 26

Fotograf
Stefan Müller, Berlin

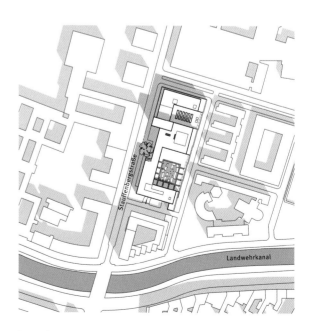

Lageplan

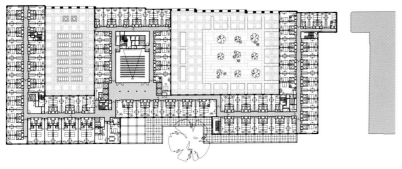

Zwischengeschoss

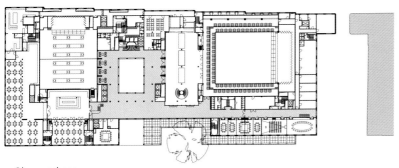

1. Obergeschoss

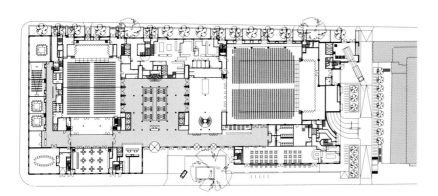

Erdgeschoss

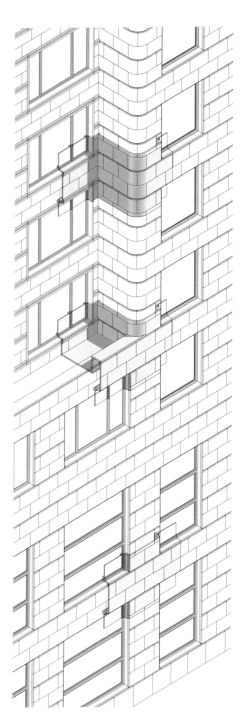

Fassadendetail

Arcotel Velvet in der Oranienburger Straße, 2004
Eike Becker_Architekten

Das von Eike Becker_Architekten entworfene Hotel schließt eine Baulücke auf dem Tacheles-Areal, einer Freifläche hinter dem gleichnamigen Kunstzentrum an der Kreuzung von Oranienburger Straße und Friedrichstraße. Neben der ornamentreichen Fassade des ehemaligen Wertheim-Kaufhauses wirkt die cartesianisch gerasterte Glasfassade als provozierender Kontrast – und spiegelt damit ungezwungen das Nebeneinander von Kunst- und Rotlichtmilieu in der Spandauer Vorstadt wider. Die raumhohen Fenster mit ihren alternierenden Öffnungsflügeln aus eloxierten Aluminiumpaneelen unterstreichen vor allem bei abendlicher Beleuchtung den eigenen Charakter der Fassade im Straßenraum. An der Traufkante winkelt sich straßenseitig ein gläsernes Dachgeschoss in 60-Grad-Neigung ab und schafft Raum für zwei weitere Ebenen.

The hotel designed by Eike Becker_Architekten closes a building gap in the Tacheles area, an open space behind the arts centre of the same name at the intersection of Oranienburger Strasse and Friedrichstrasse. The glass façade's quadratic grid forms a striking contrast to the richly ornamental façade – and completely naturally reflects the co-existence of the artistic and red-light milieus of the Spandauer suburb. The room-high windows with their alternating opening wings of eloxated aluminium plates above all emphasise the strangeness of the façade in the street area under evening light. A glass attic at a 60-degree angle bends on the eaves towards the street, creating space for two more levels.

El hotel diseñado por Eike Becker_Architekten cierra una brecha de edificación en el área de Tacheles, un espacio libre situado detrás del centro de arte de igual nombre en el cruce entre las calles Oranienburger Strasse y Friedrichstrasse. Junto a la fachada rica en ornamentos del antiguo gran almacén de Wertheim, la fachada de vidrio rectangular y cuadriculada produce un contraste provocador – y con ello refleja de un modo natural la coexistencia de los medios del arte y de las luces rojas en el arrabal de Spandau. Los altos ventanales con sus alas de abertura alternantes de chapa de aluminio anodizada subrayan sobre todo bajo la iluminación nocturna el carácter extraño de la fachada en el ambiente de la calle. Formando ángulo con el borde de la gotera, hacia el lado de la calle se proyecta un ático de vidrio con una inclinación de 60 grados, creando espacio para dos planos adicionales.

Спроектированный Айке Беккер отель заполняет незастроенный участок рядом с территорией »Тахелес« – свободным пространством за одноименным центром искусств на перекрестке Ораниенбургер Штрассе и Фридрихштрассе. Рядом с богатым по орнаменту фасадом бывшего универсального магазина »Вертхайм« стеклянный клетчатый фасад отеля является провоцирующим контрастом и, тем самым, естественным образом отражает сочетание творческого и увеселительного характера предместья Шпандау. Окна на всю высоту помещений с перемежающимися створками проемов из анодированного листового алюминия подчеркивают, главным образом в вечернем освещении, чужеродность фасада в уличном пространстве. У края крыши со стороны улицы расположена застекленная мансарда со скатом под углом 60°, вмещающая в себе еще два уровня.

Marriott Hotel am Inge-Beisheim-Platz, 2004
Bernd Albers

Zum Inge-Beisheim-Platz, dem räumlichen Mittelpunkt des Beisheim Centers am Potsdamer Platz, ist das *Marriott* Hotel mit seinem Haupteingang ausgerichtet. Die Fassaden mit den schlanken Fenstern sind durch lisenenartige Wandpfeiler aus massivem portugiesischen Kalkstein unterteilt. Über dem hohen zweigeschossigen Sockel erheben sich neun identisch ausformulierte Etagen. Mit der feingliedrigen, vertikalisierenden Fassadenstruktur aus bis zu 20 Zentimeter starken Steinprofilen gelingt es, das Gebäude elegant und leicht erscheinen zu lassen. Der Faltenwurf der Steinfassade erinnert bewusst an textile Vorhänge. Im Inneren wird das Hotel durch ein Atrium zentriert. Über dessen Grundfläche von 10 mal 20 Metern erhebt sich ein unverwechselbarer großstädtischer Hotelsalon von 40 Metern Höhe.

Architekt
Eike Becker_Architekten, Berlin

Projektleiter
Eike Becker, Helge Schmidt, Oliver Mehl

Projektbeteiligte
Interior Design: Harald Schreiber, Wien/Österreich
Tragwerksplanung: Rummel & Rummel, Karlsruhe
Haustechnik: Ingenieurbüro Kappler, Berlin

Bauherr
Matura Bauten GmbH & Co. O-tel KG, Berlin
Simon Gielstra, Berlin

Lage
Oranienburger Straße 52-53

Fotograf
Werner Huthmacher, Berlin

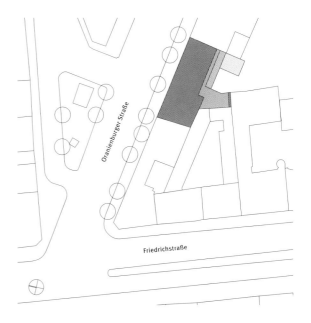

Lageplan

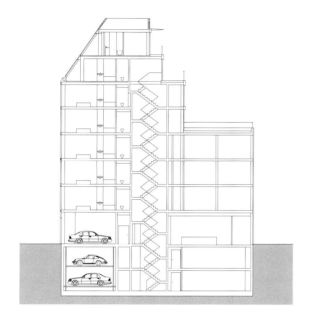

Schnitt

7. Obergeschoss

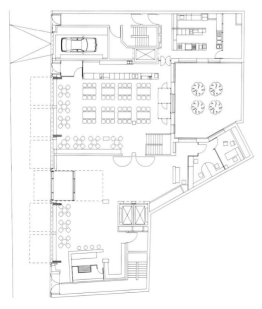

Erdgeschoss

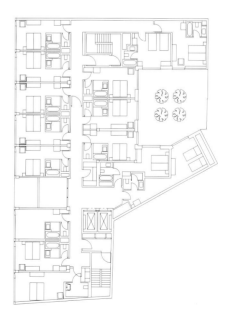

1. Obergeschoss

Marriott Hotel am Inge-Beisheim-Platz, 2004
Bernd Albers

Zum Inge-Beisheim-Platz, dem räumlichen Mittelpunkt des Beisheim Centers am Potsdamer Platz, ist das *Marriott* Hotel mit seinem Haupteingang ausgerichtet. Die Fassaden mit den schlanken Fenstern sind durch lisenenartige Wandpfeiler aus massivem portugiesischen Kalkstein unterteilt. Über dem hohen zweigeschossigen Sockel erheben sich neun identisch ausformulierte Etagen. Mit der feingliedrigen, vertikalisierenden Fassadenstruktur aus bis zu 20 Zentimeter starken Steinprofilen gelingt es, das Gebäude elegant und leicht erscheinen zu lassen. Der Faltenwurf der Steinfassade erinnert bewusst an textile Vorhänge. Im Inneren wird das Hotel durch ein Atrium zentriert. Über dessen Grundfläche von 10 mal 20 Metern erhebt sich ein unverwechselbarer großstädtischer Hotelsalon von 40 Metern Höhe.

The *Marriott* Hotel is located on Inge-Beisheim-Platz, the spatial midpoint of the Beisheim Centre. The façades with slender windows are vertically arranged by wall pillars resembling pilaster-strips of massive Portuguese limestone. The attempt has been made to make the building appear elegant and light with the help of its delicate, vertical façade structure of stone profiles attaining a thickness of up to 20 cm. The fold design of the stone façade intentionally resembles textile curtains – a motif corresponding to the inner logic of a major urban hotel. The hotel has an atrium at its centre on the inside. An unmistakeably urban 40-metre-high hotel salon rises from its surface of 10 by 20 metres.

Junto a la plaza Inge-Beisheim-Platz, que constituye el centro espacial del Centro Beisheim en la plaza Potzdamer Platz, se encuentra ubicado el Hotel *Marriott*. Las fachadas con sus esbeltas ventanas se encuentran estructuradas verticalmente por medio de pilastras hechas de piedra caliza maciza portuguesa. A través de la construcción de fachada finamente estructurada, formada por perfiles de piedra de hasta 20 centímetros de espesor, se quiere impartir una apariencia elegante y liviana al edificio. El diseño en forma de pliegues de la fachada de piedra evoca intencionalmente la asociación con cortinas textiles; un motivo que corresponde a la lógica interior de un hotel de gran ciudad. En su interior, el centro del hotel está ocupado por un atrio. Sobre la superficie de planta de 10 x 20 metros del mismo se eleva un típico salón de hotel de gran ciudad de 40 metros de altura.

На Инге-Байсхайм-Платц, расположенной посредине Байсхаймовского Центра на Потсдамер Платц, находится отель »Мариотт«. Фасады с узкими окнами разделены по вертикали пилястрами из массивного португальского известняка. Изящная структура фасада с вертикальной ориентацией из каменных плит толщиной до 20 сантиметров призвана придать зданию внешнюю элегантность и легкость. Складчатая структура каменного фасада сознательно напоминает при этом тканые драпировки – мотив, соответствующий внутренней логике расположенного в большом городе отеля. Внутри центральной точкой отеля является атриум площадью 10 x 20 метров. Над ним возвышается оригинальный по конструкции и характерный для столичного отеля салон высотой 40 метров.

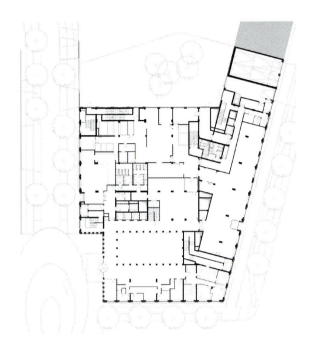

Erdgeschoss

Architekt
Bernd Albers, Berlin

Projektleiter
Hans Kolbeck

Projektbeteiligte
Statik: Hildebrand und Sieber Gesellschaft für Tragwerksplanung mbH, Berlin
Bauleitung: Intertec Ingenieurgesellschaft für Hochbau mbH, Berlin
Elektroplanung: Rostek und Stolz, Magdeburg
Innenarchitektur: Neumayer und Partner, München

Bauherr
Immago-AG, Baar/Schweiz

Lage
Inge-Beisheim-Platz 1

Fotograf
Stefan Müller, Berlin

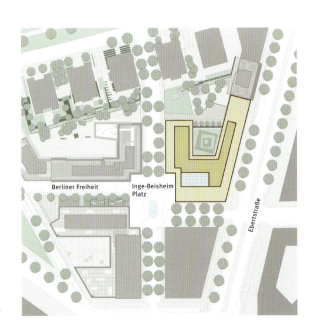

Lageplan

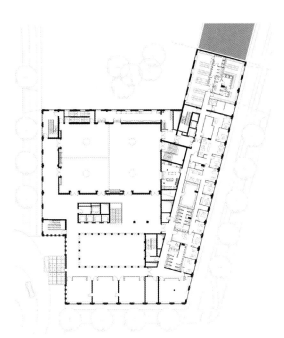

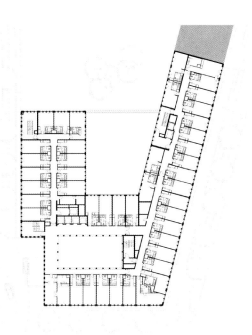

1. Obergeschoss   Regelgeschoss

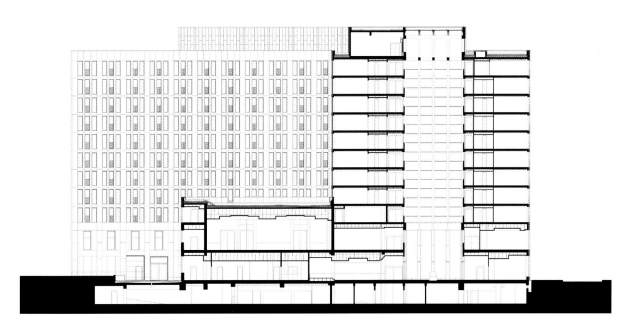

Schnitt

Pluralismus allein ist nicht mehr in der Lage, tatsächliche Vielfalt zu erzeugen. Komplexität und Widerspruch sind ebenso wenig Garanten dafür, denn auch zur Vielfalt gehört eine gewisse Einfalt, ohne die keine spannende Konstellation von Gegensätzen entsteht.

Pluralism alone is no longer able to produce actual variety. Nor can complexity and contradiction guarantee this, since variety also contains a certain simplicity without which no exciting constellation of oppositions can arise.

El pluralismo solo ya no es capaz de producir una verdadera diversidad. La complejidad y la contradicción tampoco son garantías de ello, porque también para la diversidad se requiere algo de ingenuidad, sin la cual no es posible una constelación interesante de aspectos contrarios.

Один лишь плюрализм уже не в состоянии создать реальное многообразие. Сложность и противоречивость в столь же малой степени гарантируют это, так как компонентом многообразия является также определенная простота, без которой невозможно интересное сочетание противоположностей.

Fritz Neumeyer, 1993

Bürogebäude in der Ebertstraße, 2004
Modersohn & Freiesleben Architekten BDA

Das Bürogebäude, das von dem jungen Architektenduo Johannes Modersohn und Antje Freiesleben entworfen wurde, flankiert die Hauptverbindung zwischen Potsdamer Platz und Regierungsviertel. Durch seine auffallend hellgrüne Granitfassade setzt sich das zehngeschossige Haus deutlich von seinen Nachbarn in der Ebertstraße ab. Eingelassene Fenster lassen die Front wie eine glatte Wand erscheinen, die oben von einem weit auskragenden Dachgesims abgeschlossen wird. Ornamentale Brüstungsgeländer aus stilisierten Efeuranken verleihen der Fassade einen spielerischen Charakter. Sie können als eine Reminiszenz an Louis Sullivan gelesen werden, der es gegen Ende des 19. Jahrhunderts verstanden hatte, strenge Hochhausfassaden mit floralen Ornamenten zu verzieren.

This office building, designed by the young architect-duo Johannes Modersohn and Antje Freiesleben, flanks the main connection between Potsdamer Platz and the Government Quarter. The ten-storey building forms a clear contrast to its neighbours on Ebertstrasse with its striking light-green granite façade. Embedded windows allow the front to appear like a smooth wall, completed on top by a widely protruding principal moulding. Ornamental balustrades of stylised clinging ivy lend the façade a playful character. They can be interpreted as a reminiscence of Louis Sullivan who understood how to decorate strict building façades with floral ornaments towards the end of the 19th century.

Este edificio de oficinas, que fue diseñado por la joven pareja de arquitectos Johannes Modersohn y Antje Freiesleben, flanquea la vía de comunicación principal entre la plaza Potsdamer Platz y el barrio gubernamental. El edificio de diez plantas se destaca claramente entre sus vecinos en la calle Ebertstraße, debido a su llamativa fachada de granito de color verde claro. Las ventanas sumergidas dan al frente una apariencia de pared lisa que en la parte superior culmina en una cornisa de techo ampliamente voladiza. Las barandillas ornamentales en forma de zarcillos de hiedra estilizados le imparten a la fachada un carácter juguetón. Las mismas pueden interpretarse como una reminiscencia a Louis Sullivan, quien hacia finales del siglo XIX supo decorar las austeras fachadas de los edificios altos con ornamentos florales.

Офисное здание, спроектированное молодой парой архитекторов Йоханнесом Модерсоном и Антье Фрайеслебен, примыкает к главной трассе, соединяющей Потсдамер Платц и правительственный квартал. Десятиэтажный дом за счет своего заметного светло-зеленого фасада отчетливо выделяется на фоне соседних зданий на Эбертштрассе. Утопленные окна делают фасад здания похожим на гладкую стену, которая вверху заканчивается широко выступающим кровельным карнизом. Орнаментальные парапеты из стилизованных побегов плюща придают фасаду оживленный характер. Их можно воспринимать как отголосок идей Луи Салливана, который в конце 19-го века начал украшать строгие фасады высотных домов цветочными орнаментами.

Geschäftshaus in der Leipziger Straße, 2007
Grüntuch Ernst Architekten

Das Bürogebäude folgt den Gestaltungsvorschriften einer zweigeschossigen Arkade und eines zurückgestaffelten Ober-
geschosses. Durch ungewöhnliche Materialien und Fassadenelemente wird die traditionelle Gliederung einer für Berlin
typischen Fassade neu interpretiert. Die Tiefenschichtung mit perforierten, farblich changierenden Vertikallamellen aus Edelstahl, metallverkleideten Geschossdeckenrändern und geschosshohen Glasfeldern öffnet das Gebäude demonstrativ zum
Stadtraum. Dabei setzt die goldene Farbigkeit inmitten natursteinverkleideter Bauten einen kraftvollen Kontrapunkt, der
zugleich eine neue visuelle Verbindung zu den unweit leuchtenden Bauten Hans Scharouns am Kulturforum herstellt. Nachts
erhält das Haus durch die inszenierte Beleuchtung eine besondere Eleganz.

Architekt
Modersohn & Freiesleben Architekten BDA, Berlin

Projektleiter
Tobias Zepter, Silke Haupt

Projektbeteiligte
Projektentwickler: Trigon Hochbauten Consulting GmbH, Berlin
Projektsteuerung: INTERTEC Ingenieurgesellschaft für Hochbau mbH, Berlin

Bauherr
Immago-AG, Baar/Schweiz

Lage
Ebertstraße 2

Fotograf
Tobias Wille, Berlin (107, 110, 111)
Johannes Modersohn, Berlin (108)

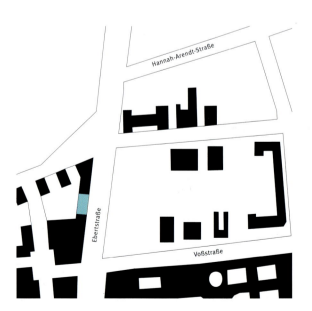

Lageplan

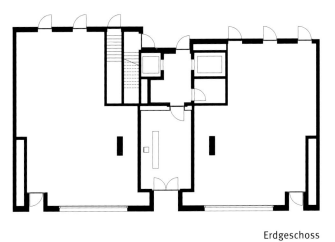

Erdgeschoss

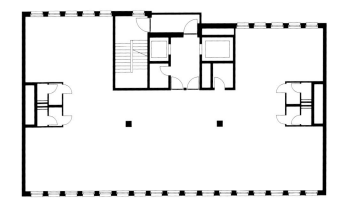

Regelgeschoss

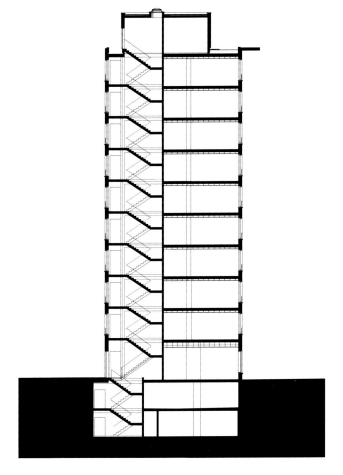

Schnitt

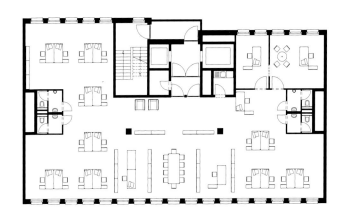

Großraumbüro

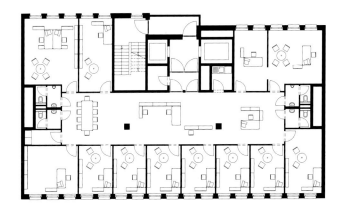

Kombibüro

Geschäftshaus in der Leipziger Straße, 2007
Grüntuch Ernst Architekten

Das Bürogebäude folgt den Gestaltungsvorschriften einer zweigeschossigen Arkade und eines zurückgestaffelten Ober-geschosses. Durch ungewöhnliche Materialien und Fassadenelemente wird die traditionelle Gliederung einer für Berlin typischen Fassade neu interpretiert. Die Tiefenschichtung mit perforierten, farblich changierenden Vertikallamellen aus Edelstahl, metallverkleideten Geschossdeckenrändern und geschosshohen Glasfeldern öffnet das Gebäude demonstrativ zum Stadtraum. Dabei setzt die goldene Farbigkeit inmitten natursteinverkleideter Bauten einen kraftvollen Kontrapunkt, der zugleich eine neue visuelle Verbindung zu den unweit leuchtenden Bauten Hans Scharouns am Kulturforum herstellt. Nachts erhält das Haus durch die inszenierte Beleuchtung eine besondere Eleganz.

This office building follows the designing stipulations of a two-storey arcade and an upper storey staggered to the rear. The traditional arrangement of a façade typical of Berlin is newly interpreted here with unusual materials and façade elements. The depth layering with perforated, colour-changing vertical slats of stainless steel, metal-covered storey ceiling borders and storey-high glass surfaces demonstratively open up the building to the surrounding urban space. The golden colourfulness in the middle of the building covered in natural stone slabs makes a powerful contrast, simultaneously creating a new visual connection to the buildings by Hans Scharoun at the Kulturforum (Culture Forum) nearby. The building is particularly elegant with its staged lighting at night.

El edificio de oficinas se apega a las prescripciones de configuración de una arcada de dos plantas y un piso superior retraído. A través de los materiales y elementos de fachada poco habituales, se hace una nueva interpretación de la estructuración tradicional de una típica fachada berlinesa. Con su estratificación de profundidad, laminillas verticales perforadas de color cambiante en acero fino, bordes de techo de planta revestidos en metal y extensos ventanales tan altos como cada planta, el edificio se abre ostensivamente al espacio urbano. En este contexto, el colorido dorado en medio de las edificaciones revestidas de piedra natural marca un vigoroso contrapunto, que al mismo tiempo también crea una nueva conexión visual con las cercanas edificaciones resplandecientes de Hans Scharoun junto al Kulturforum (Foro Cultural). Por las noches, la iluminación escenificada imparte a este edificio una particular elegancia.

Офисный дом оформлен в виде двухэтажной аркады с возведенным обратными уступами верхним этажом. За счет использования необычных материалов и элементов фасада удалось создать новую интерпретацию типичного для Берлина фасада с его традиционной структурой. Здание демонстративно открывает городской территории глубокую многослойность перфорированных, отливающих разными цветами вертикальных стальных ламели из нержавеющей стали, облицованных металлом граней междуэтажных перекрытий и стеклянных панелей в высоту этажей. При этом мощным контрапунктом является золотой цвет среди облицованных природным камнем сооружений, обеспечивающий одновременно визуальную связь между светящимися неподалеку зданиями Ганса Шаруна на »Культурфоруме«. В ночное время дом благодаря инсценированному освещению приобретает особую элегантность.

Architekt
Grüntuch Ernst Architekten, Berlin

Projektleiter
Volker Raatz, Olaf Menk, Jacob van Ommen

Projektbeteiligte
Tragwerk: GuD Planungsgesellschaft für Ingenieurbau mbH, Berlin
Freianlagen: LA.BAR Landschaftsarchitekten, Berlin
Kunst am Bau: Folke Hanfeld, Berlin

Bauherr
Bauwert Development Leipziger Straße KG, Berlin

Lage
Leipziger Straße 126

Fotograf
berlin-photo.com, Berlin

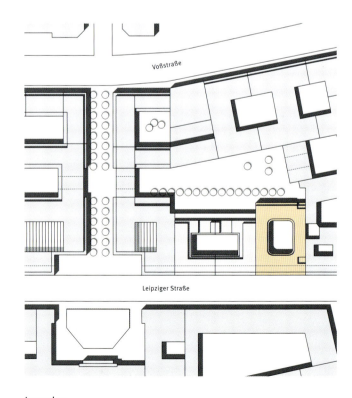

Lageplan

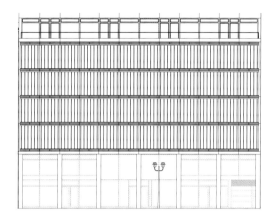

Straßenansicht

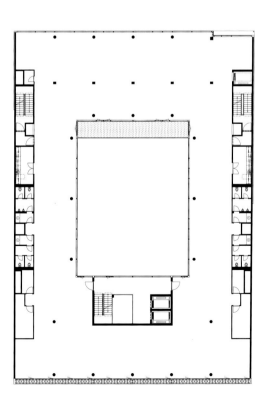

4. Obergeschoss

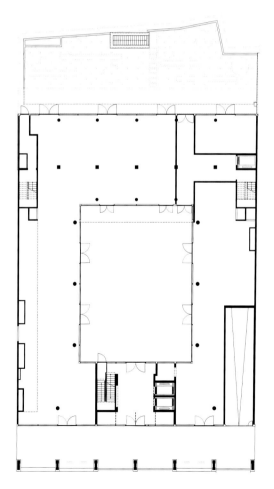

Erdgeschoss

Wohn- und Geschäftshaus am Leipziger Platz, 2004
Thomas Müller Ivan Reimann Architekten

Am Leipziger Platz sind vier Gebäude realisiert worden, die den südwestlichen Abschluss des Oktogons bilden. Die unregelmäßige Geometrie des *Torhauses* wird durch die vertikale Gliederung gezügelt und akzentuiert die turmähnliche Gebäudespitze. Der Muschelkalk zeigt sich als bewusst gewähltes Gegenstück zu Kollhoffs Backsteinturm am Potsdamer Platz. Das angrenzende *Stadtpalais* in beigefarbenem Kalkstein besitzt durch seine geschosshohen Fensteröffnungen mit schräg eingeschnittenen Laibungen einen monolithischen Charakter. In der schwarzen, von Bronzeprofilen eingefassten Glasfassade des *Kontorhauses* spiegelt sich die Symbiose von Industriearchitektur und urbaner Eleganz wider. Die Gestaltungselemente und Materialien korrespondieren mit denen des langen *Geschäftshauses*, das in die Stresemannstraße überleitet.

Four buildings have been realised on Leipziger Platz which together form a residential and commercial building complex, corresponding to the general urban architectural plan. The irregular geometry of the *Torhaus* (Gate House) is checked by the vertical arrangement, accentuating the tower-like top of the building leading into the corner on Leipziger Strasse. The shell-limestone reveals itself to be a consciously chosen counterpart to Hans Kollhoff's brick tower on Potsdamer Platz. The adjoining *Stadtpalais* (City Palace) in beige-coloured limestone is completed by storey-high window openings and embrasures cut at an angle in its monolithic design. The symbiosis of industrial character and urban elegance is reflected in the black glass façade of the *Kontorhaus* (office building) framed by bronze profiles. The designing elements and materials correspond to those of the long *Geschäftshaus* (business building) leading to Stresemannstrasse. The slighter volumes and a larger number of façades areas create a variation in this building.

Correspondiendo al plan general básico urbanístico, junto a la plaza Leipziger Platz fueron realizados cuatro edificios que se unen en un complejo residencial y comercial. La geometría irregular del edificio de acceso se ve moderada por la estructuración vertical, acentuando la punta del edificio similar a una torre que da hacia la esquina en la calle Leipziger Strasse. La caliza conchífera se aprecia como contraparte intencionalmente elegida frente a la torre de ladrillo de Hans Kollhoff junto a la plaza Potsdamer Platz. En forma adyacente se está completando el »Stadtpalais« en piedra caliza de color beige mediante aberturas de ventana con altura de planta entera, con intradós cortados oblicuamente en su diseño monolítico. En la negra fachada engastada en perfiles de bronce del edificio »Kontorhaus« se refleja la simbiosis entre el carácter industrial y la elegancia urbana. Los elementos de configuración y los materiales corresponden a los del alargado edificio »Geschäftshaus« que forma la transición a la calle Stresemannstrasse. En éste se observa una variación por el menor volumen y por el mayor número de campos de fachada.

На Лейпцигер Платц – в соответствии с генеральным планом городской застройки – ведется строительство четырех зданий, составляющих единый жилой и торговый комплекс. Неправильная геометрия дома с воротами компенсируется за счет вертикального деления и подчеркивает башенную верхушку здания, выходящую угловой частью на Лейпцигер Штрассе. Ракушечник представляет собой сознательно выбранный контрапункт кирпичной башне Георга Кольхофа на Потсдамер Платц. К зданию пристраивается монолитный по форме »Городской дворец« из бежевого известняка с оконными проемами на всю высоту этажа и наискось прорезанными откосами. В черном стеклянном фасаде »Дома-конторы« с бронзовыми обрамляющими профилями отражается сочетание промышленного характера и городской элегантности. Элементы оформления и материалы выбраны теми же, что и у удлиненного »Торгового дома«, выходящего на Штреземаннштрассе. Его отличие заключается в меньшем объеме и большем количестве фасадных панелей.

Architekt
Thomas Müller Ivan Reimann Architekten, Berlin

Projektleiter
Torsten Glasenapp

Projektbeteiligte
Tragwerksplanung: Leonhardt, Andrä und Partner, Berlin
Technische Gebäudeausrüstung: Jaeger, Mornhinweg und Partner, Stuttgart
Elektrotechnik: IBB Burrer und Deuring, Stuttgart
Fassadenberatung: atf architektur technik fassade, Frankfurt

Bauherr
Berlin Leipziger Platz Grundbesitz GmbH
Gemeinschaftsprojekt der Württembergischen Lebensversicherung AG, Stuttgart
und Sony Berlin GmbH

Lage
Leipziger Platz 1-3

Fotografen
Ivan Nemec, Berlin/Prag (126/127)
Ulrich Schwarz, Berlin (123/124)

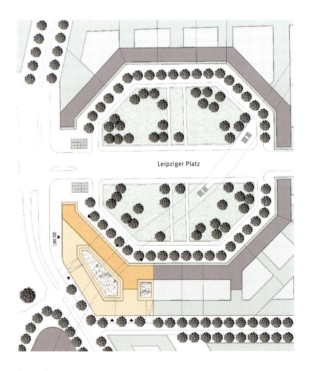

Lageplan

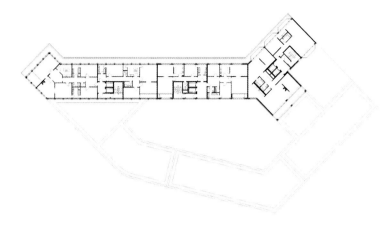

7.–9. Obergeschoss

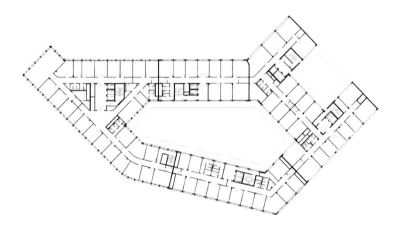

1.–6. Obergeschoss

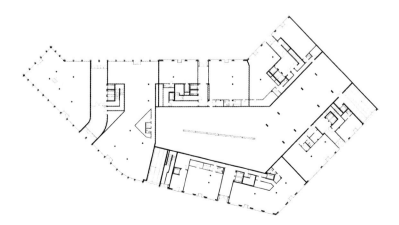

Ladengeschoss

Wohn- und Geschäftshaus am Leipziger Platz, 2003
LANGHOF®

Das auffällige Bürohaus markiert die südöstliche Ecke des Leipziger Platzes, der auf dem oktogonalen Stadtgrundriss neu entstanden ist. Bei der Gestaltung der Fassade hat Christoph Langhof die scheinbar engen Gestaltungsvorgaben durchbrochen und eine exzentrische Außenhülle mit markanter Dekoration und Ornamentik entworfen. Insgesamt zeichnet sich die Fassade durch eine Dreiteilung aus: eine zweigeschossige Sockelzone mit vertikal durchgängigen Fenstern, eine fünfgeschossige Mittelzone mit horizontalen Fensterbändern und ein über vier Etagen reichendes Attikageschoss mit ornamentaler Aluminiumverkleidung und französischen Fenstern. Entgegen des in der Nachbarschaft vorherrschenden Schemas rein additiver Geschosse und Fensterfolgen sind hier die unterschiedlichen Nutzungsansprüche nach außen sichtbar gemacht worden.

This striking office building marks the southeast corner of Leipziger Platz, newly constructed on the octagonal city ground plan. In the design of the façade, Christoph Langhof broke through the apparently narrow designing stipulations, creating an eccentric outer shell with marked decoration and ornamentation. Altogether the façade is characterised by a tripartite division: a two-storey foundation area with vertical windows, a five-storey central zone with horizontal window bands and an attic extending over four storeys with ornamental aluminium covering and French windows. Unlike the scheme of purely additive storeys and window succession which dominate this neighbourhood, differing utilisation needs have been made outwardly visible in this façade.

El llamativo edificio comercial marca la esquina sureste de la plaza Leipziger Platz, la cual ha surgido de nuevo sobre el plano urbano octogonal. En la configuración de la fachada, Christoph Langhof ha superado las prescripciones de diseño aparentemente restringidas para crear una envuelta exterior con marcada decoración y ornamentos. En general, la fachada se caracteriza por una división en tres partes: Una zona de zócalo con ventanas verticales continuas, una zona media de cinco plantas con franjas de ventanas horizontales, así como un nivel de áticos que se extiende por cuatro plantas con revestimiento ornamental en aluminio y ventanas francesas. Contrastando con el esquema predominante en las edificaciones adyacentes con plantas y secuencias de ventanas meramente aditivas, en esta fachada se han hecho visibles al exterior las distintas finalidades de uso del inmueble.

Необычный по виду офисный дом занимает юго-восточный угол Лейпцигер Платц, отстроенной заново на восьми-угольном участке городской территории. При оформлении фасада вышел Кристоф Лангхоф за тесные заданные рамки и разработал эксцентричную внешнюю оболочку с характерной декорацией и орнаментикой. В целом фасад разделен на три части: двухэтажный цоколь с вертикальными окнами на всю высоту, пятиэтажная центральная часть с горизонтальными рядами окон и простирающийся на четыре этажа аттик с орнаментальной алюминиевой облицовкой и французскими окнами. В противоположность доминирующей в соседних зданиях схеме чисто аддитивных этажей и последовательностей окон на этом фасаде отчетливо выделены для постороннего взгляда различные сферы использования здания.

Geschäftshaus am Potsdamer Platz, 2002
Hans Kollhoff

Das von Hans Kollhoff entworfene *Delbrück-Haus* bildet zusammen mit dem Hotel *The Ritz-Carlton* den nördlichen Abschluss des Potsdamer Platzes und zugleich den Auftakt zur Bebauung des Lenné-Dreiecks, dem letzten Bauabschnitt dieses innerstädtischen Großbauprojekts. Zum benachbarten *Ritz-Carlton* formt sich ein gestaffelter Baukörper zu einem schlanken Turm mit 17 Geschossen; ein leichter Vorsprung aus der Bauflucht verstärkt die emporstrebende Wirkung dieses Gebäudeteils. Die Grundrissgeometrie – ein konvexes Viereck – entwickelt sich aus der Überlagerung des Blockzuschnitts und dem Verlauf der unterirdischen Fernbahntrasse, deren Senkkasten zur Gründung des Turms herangezogen wird. Als Fassadenmaterial findet weißer Granit Verwendung, im Inneren sind edle Materialien wie Travertino Romano für die Aufzugslobbys verbaut worden.

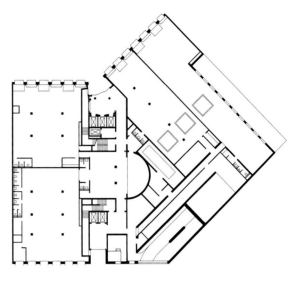

Erdgeschoss

Architekt
LANGHOF®
Professor Christoph Langhof, Berlin

Projektleiter
Lutz Schütter

Projektbeteiligte
Statik: Keizers & Partner, Berlin
Fassadenberatung: IPB Ingnieurbüro Priedemann, Berlin
Haustechnik: Schmitz + Sachse, Berlin
Grünplanung: Büro H. O. Dieter Schoppe, Hamburg

Bauherr
IVG, Bonn

Lage
Leipziger Platz 9

Fotograf
Bitter + Bredt, Berlin

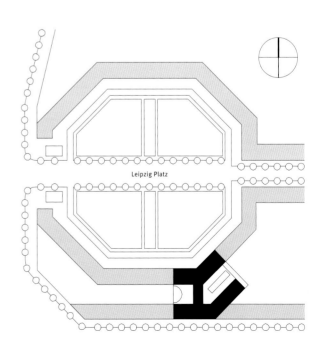

Lageplan

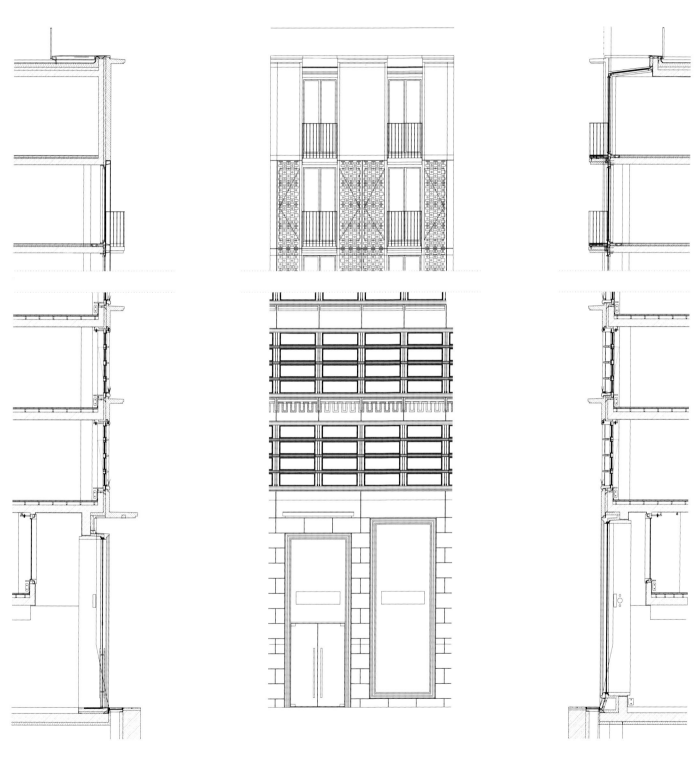

Fassadenschnitte   Fassadendetail

Geschäftshaus am Potsdamer Platz, 2002
Hans Kollhoff

Das von Hans Kollhoff entworfene *Delbrück-Haus* bildet zusammen mit dem Hotel *The Ritz-Carlton* den nördlichen Abschluss des Potsdamer Platzes und zugleich den Auftakt zur Bebauung des Lenné-Dreiecks, dem letzten Bauabschnitt dieses inner-städtischen Großbauprojekts. Zum benachbarten *Ritz-Carlton* formt sich ein gestaffelter Baukörper zu einem schlanken Turm mit 17 Geschossen; ein leichter Vorsprung aus der Bauflucht verstärkt die emporstrebende Wirkung dieses Gebäudeteils. Die Grundrissgeometrie – ein konvexes Viereck – entwickelt sich aus der Überlagerung des Blockzuschnitts und dem Verlauf der unterirdischen Fernbahntrasse, deren Senkkasten zur Gründung des Turms herangezogen wird. Als Fassadenmaterial findet weißer Granit Verwendung, im Inneren sind edle Materialien wie Travertino Romano für die Aufzugslobbys verbaut worden.

The *Delbrück House* designed by Hans Kollhoff, together with the *Ritz-Carlton Hotel*, forms the northern end of Potsdamer Platz and at the same time the upbeat to the construction of the Lenné Triangle, the final building phase of the this major inner-city construction project. The staggered building is formed into a slender tower with 17 storeys by the neighbouring *Ritz-Carlton*; a slight projection from the building line strengthens the upwards-striving effect of this part of the building. The ground plan geometry – a convex rectangle – develops from the overlapping of the block style and the course of the underground long-distance train route, the caissons of which are pulled up for the grounding of the tower. White granite is used as façade material; on the inside, noble materials including travertino romano have been used for the lift lobbies.

El edificio *Delbrück*, diseñado por Hans Kollhoff, constituye junto con el *Hotel Ritz-Carlton* el extremo norte de la plaza Potsdamer Platz y al mismo tiempo también el preludio para la edificación del triángulo Lenné, el último segmento de construcción de este gran proyecto de construcción intraurbana. Un cuerpo de construcción escalonado se va formando hacia el vecino *Ritz-Carlton* para formar una esbelta torre de 17 plantas; un ligero saliente fuera de la línea de edificación aumenta el efecto ascendente de esta parte del edificio. La geometría de planta – un cuadrado convexo – se desarrolla a partir de la superposición del corte de los bloques y la trayectoria de la vía ferroviaria subterránea, cuyo cajón sumergible se usó para la fundación de la torre. Como material de fachada se usó granito blanco, mientras que en el interior se emplearon materiales nobles, tales como Travertino Romano para los lobbys de ascensor.

Спроектированное Гансом Кольхофом здание »Дельбрюк« вместе с отелем »Ритц-Карлтон« завершает Потсдамер Платц с северной стороны и одновременно является началом застройки треугольного участка »Ленне« – последней очереди этого крупномасштабного строительного проекта в центре города. В направлении соседнего отеля »Ритц-Карлтон« ступенчатый корпус здания образует узкую 17-этажную башню; небольшой выступ за линию застройки подчеркивает целеустремленность ввысь этой части здания. Геометрия основания – выпуклый четырехугольник – создается путем наложения блочной формы и подземной железнодорожной трассы, кессон которой использован в фундаменте башни. В качестве фасадного материала применен белый гранит, а внутри для отделки благородные материалы, в том числе »Travertino Romano« для вестибюлей лифтов.

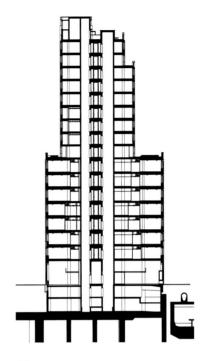

Schnitt

Architekt
Hans Kollhoff, Berlin

Projektleiter
Hansjörg Held

Projektbeteiligte
Gesamtprojektleitung: Ed. Züblin AG, Stuttgart
Statik Planung und Bauantrag: Carlsen-Glüsing-Mekelburg, Hamburg
Statik Ausführungsplanung:
Sander Ingenieure Gesellschaft für Tragwerksplanung, Erfurt
Stahlbau: Eberhard Schober Stahl- und Treppenbau GmbH, Ketzerbachtal

Bauherr
Bellevue Immobilien AG, Hamburg

Lage
Potzdamer Platz 5

Fotograf
Ivan Nemec, Berlin/Prag (140)
Susanne Wegner, Stuttgart (139, 142, 143)

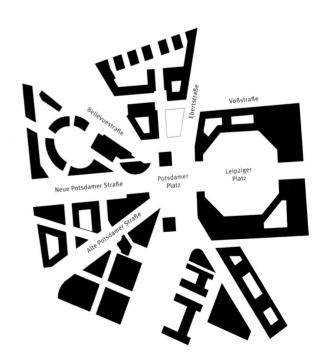

Lageplan

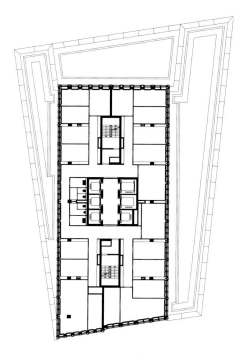

9. – 11. Obergeschoss

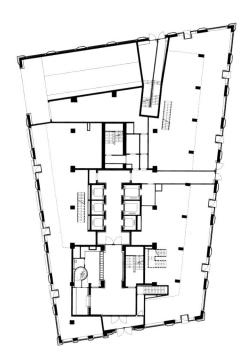

Erdgeschoss

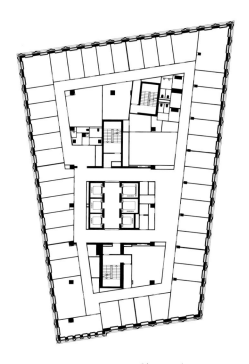

2. Obergeschoss

Warenhaus *Galeria Kaufhof* am Alexanderplatz, 2006
Josef Paul Kleihues, Kleihues + Kleihues

Der Ursprung des Kaufhauses am Alexanderplatz geht auf das im Zweiten Weltkrieg zerstörte Warenhaus Tietz zurück, das an ähnlicher Stelle wie der heutige Bau stand. Auf einem neuen Stadtgrundriss, der der Philosophie eines sozialistischen Zentrums folgte, wurde im Zeitgeist der Siebzigerjahre ein Warenhaus mit typischer Netzfassade aus Aluminiumblechen errichtet. Mit der Umgestaltung durch Josef Paul Kleihues wurde das Gebäude den Anforderungen heutigen Einkaufsverhaltens angepasst und deutlich erweitert. Klar strukturierte Verkaufsflächen, ein helles Atrium mit Fahrtreppenanlage und die umgestalteten oberen, ehemals für Technik genutzten Geschosse machen aus dem Haus einen exklusiven Verkaufstempel. Charakteristisch ist die plastisch gegliederte Natursteinfassade mit den großen Schaufenstern: eine moderne Interpretation klassischer Warenhausarchitektur.

The origin of the department store on Alexanderplatz – the central square in the new Berlin Mitte (Centre) – goes back to the Tietz department store destroyed during the war which stood on almost the same place as the present building. A department store with a grid-façade of aluminium sheets typical of the period was built on a new city ground plan according to the philosophy of a socialistic centre. The building was then adjusted and notably expanded, in Josef Paul Kleihues' reconstruction, to meet the demands of present-day shopping behaviour. Clearly structured sales areas, a bright atrium with an escalator and the reconstruction of the upper storeys, formerly used for technical installations, have made the building into an exclusive shopping temple. The character of the building is determined by the new façade, a modern interpretation of classical department-store architecture.

El origen de los grandes almacenes junto a la plaza Alexanderplatz – la plaza central en el nuevo Berlín Mitte (Centro de Berlín) – se remonta a los grandes almacenes Tietz destruidos durante la guerra, cuyo edificio se encontraba en una ubicación similar a la del actual cuerpo constructivo. Basado en un nuevo plano de distribución urbana, que correspondía a la filosofía de un centro socialista, conforme al espíritu de los años 70 se construyó un edificio de grandes almacenes con una fachada reticular de chapas de aluminio, típica de la época. A través de la reforma hecha por Josef Paul Kleihues, el edificio fue adaptado a las actuales exigencias comerciales y al comportamiento de los compradores, siendo ampliado considerablemente. Las áreas de ventas claramente estructuradas, un atrio luminoso con instalación de escaleras mecánicas, así como la remodelación de los pisos superiores, antiguamente utilizados para el alojamiento de equipos técnicos, han convertido a este edificio en un exclusivo templo comercial. El carácter del edificio es determinado por la nueva fachada, una interpretación moderna de la clásica arquitectura de grandes almacenes.

Раньше на месте универсального магазина на Александерплатц – центральной площади нового центра Берлина – находился разрушенный в годы войны универсальны магазин »Титц«, стоявший точно там же, где и нынешний корпус здания. В соответствии с планом городской застройки, отвечающей философии социалистического центра, в духе семидесятых годов был сооружен универсальный магазин с типичным для того времени сетчатым фасадом из алюминиевых листов. В результате переоборудования, выполненного Йозефом Паулем Клейхусом, здание было перестроено в соответствии с требованиями современных покупателей и значительно расширено. Четко структурированные торговые площади, светлый атриум с эскалаторами, переоборудование верхних, ранее использовавшегося в качестве технических, этажей сделали из здания дворец торговли. Характер здания определяется новым фасадом, интерпретирующим в современном стиле классическую архитектуру торгового дома.

Zeitgenössisches Bauen muss nicht alleine darin bestehen, etwas noch nie Dagewesenes zu produzieren. Wirklich zeitgenössisch bauen heißt, auf die Defizite der Vorgänger zu antworten.

Contemporary architecture must not merely consist of producing something that had never before existed. Truly contemporary architecture means responding to the deficits of one's predecessors.

El arte contemporáneo de la construcción no debe consistir únicamente en producir algo que nunca antes había existido. El verdadero arte de la construcción contemporánea significa saber responder a las deficiencias de los antecesores.

Современное строительство не должно заключаться лишь в том, чтобы создать что-то до сих пор невиданное. По-настоящему современное строительство означает устранение дефицитов предшественников.

Rainer Haubrich, 1999

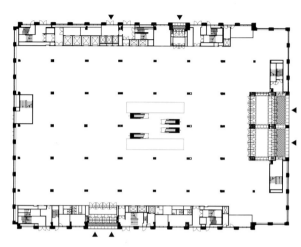

Erdgeschoss

Architekt
Josef Paul Kleihues, Kleihues + Kleihues, Berlin

Projektleiter
Götz Kern

Projektbeteiligte
Generalunternehmer Projektleitung: Bilfinger & Berger AG, Berlin
Naturstein: Zeidler & Wimmel Steinbruch- und Steinmetzbetriebe Natursteinwerke
GmbH & Co. KG, Kirchheim bei Würzburg

Bauherr
Kaufhof Warenhaus Am Alex GmbH, Berlin

Lage
Alexanderplatz 9

Fotograf
Stefan Müller, Berlin (147, 150, 151)

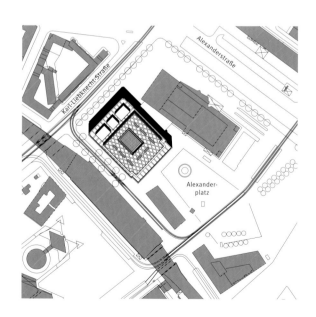

Lageplan

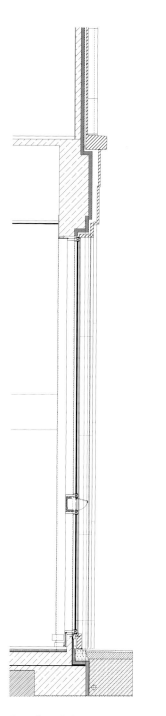

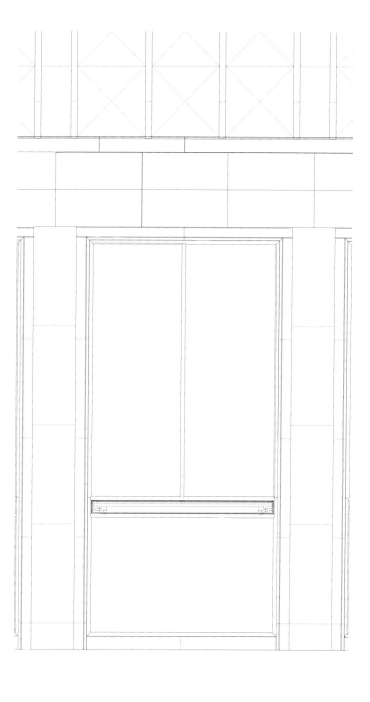

Fassadenschnitt   Fassadendetail

Zeitgenössisches Bauen muss nicht alleine darin bestehen, etwas noch nie Dagewesenes zu produzieren. Wirklich zeitgenössisch bauen heißt, auf die Defizite der Vorgänger zu antworten.

Contemporary architecture must not merely consist of producing something that had never before existed. Truly contemporary architecture means responding to the deficits of one's predecessors.

El arte contemporáneo de la construcción no debe consistir únicamente en producir algo que nunca antes había existido. El verdadero arte de la construcción contemporánea significa saber responder a las deficiencias de los antecesores.

Современное строительство не должно заключаться лишь в том, чтобы создать что-то до сих пор невиданное. По-настоящему современное строительство означает устранение дефицитов предшественников.

Rainer Haubrich, 1999

Stadthaus | Townhouse | Edificio urbano | Городские дома

Stadthaus am Friedrichswerder, 2007
Meuser Architekten BDA

Zwischen dem Auswärtigen Amt und dem Gendarmenmarkt ist ein neues Stadtquartier entstanden, in dem eine für Berlin neue Typologie vorherrscht: das Stadthaus. Dabei handelt es sich um ein fünfgeschossiges Wohn- und Geschäftshaus auf 6,50 Meter schmaler Parzelle. Die gestalterische Herausforderung bei dem Entwurf von Natascha Meuser bestand darin, dem Gebäude am Caroline-von-Humboldt-Weg ein selbstbewusstes Gesicht zu geben, ohne einer »Faschingslaune« (Gottfried Semper) zu verfallen. Mit seinem hellen Sandstein und zeitlosen Details wirkt das Haus unprätentiös. Das Innenraumkonzept kommt nahezu ohne Wände und Türen aus, so dass der Blick nach außen unverstellt ist. Das knapp vier Meter hohe Erdgeschoss – als ein durchgehender Raum konzipiert – schafft eine Großzügigkeit, die man auf dem kleinen Grundstück kaum vermutet.

A new urban quarter has been created between the Foreign Office and the Gendarmenmarkt in which a type of architecture new to Berlin dominates – the townhouse. This example is a five-storey residential and commercial building built on a narrow parcel just 6.50 metres wide. The challenge of Natascha Meuser's design was in giving the building on Caroline-von-Humboldt-Weg a confident face without falling into a so-called »Faschingslaune« (Gottfried Semper), or carnival whim. The building makes an unpretentious effect with its light sandstone and timeless details. The concept of the interior rooms is realised almost without walls and doors resulting in an unobstructed view towards the outside. The barely four-metre-high ground floor – conceived as a continuous room – creates a spaciousness that one would have hardly expected on such a small property.

Entre el Ministerio de Asuntos Exteriores y la plaza Gendarmenmarkt ha surgido un nuevo barrio urbano, en el que predomina una tipología nueva para Berlín: el edificio urbano. Aquí se trata de un edificio residencial y comercial de cinco plantas construido sobre una estrecha parcela de sólo 6,50 metros. El reto creativo en el diseño de Natascha Meuser radicaba en la intención de darle a este edificio ubicado en la calle Caroline-von-Humboldt-Weg un rostro consciente de su propia valía, pero sin dejarse llevar por un »Faschingslaune« (Gottfried Semper). Con su piedra arenisca clara y sus detalles intemporales, el edificio no da la impresión de ser pretencioso. El concepto del espacio interior prácticamente no necesita paredes ni puertas, de manera que la vista al exterior no encuentra obstrucciones. La planta baja de unos cuatro metros de altura – concebida como un solo ambiente sin divisiones – crea una generosidad que resulta difícil de suponer en un terreno tan pequeño.

Между Министерством иностранных дел и Жандармским рынком возник новый городской квартал, в котором преобладает новая для Берлина типология зданий – городской дом. Имеется в виду пятиэтажный дом с квартирами и офисами на небольшом участке шириной 6,50 метров. При архитектурном оформлении проекта перед Наташей Мойзер стояла задача придать зданию на улице Каролин-фон-Гумбольдт-Вег самоуверенное лицо, не впадая при этом »Faschingslaune« (Готтфрид Земпер). За счет светлого известняка и лишенных отпечатка времени деталей дом выглядит вполне непритязательно. В концепции внутреннего пространства практически отсутствуют стены и двери, благодаря чему взгляд беспрепятственно проникает наружу. Цокольный этаж высотой почти четыре метра, выполненный в виде непрерывного пространства, создает ощущение широты, которую трудно предположить на столь небольшом по размеру участке.

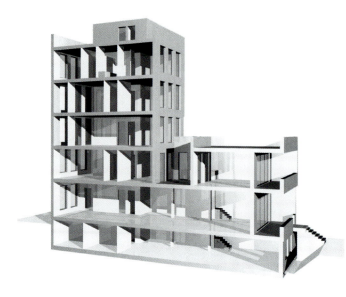

Schnitt

Architekt
Meuser Architekten BDA, Berlin
Natascha Meuser

Projektbeteiligte
Haustechnik: pin planende ingenieure GmbH, Berlin
Statik: Reiner von Polheim, Berlin

Bauherr
Bauherrengemeinschaft Kraut/Meuser, Berlin

Lage
Caroline-von-Humboldt-Weg 20

Fotograf
Stefan Müller, Berlin

Lageplan

Erdgeschoss bis 4. Obergeschoss

Stadthaus am Friedrichswerder, 2007
Marc Jordi

Bei der Entwicklung der Fassade konzentrierte sich Marc Jordi auf die architektonische Tradition des Berliner Stadthauses. Die horizontale Aufteilung der 6,50 Meter breiten Front interpretiert drei Zeitebenen: Sie beginnt im unteren Fries mit der Idealdarstellung eines dreiachsigen, zweigeschossigen Hauses, führt über eine spätbarocke Aufstockung mit Mansarddach ins 19. Jahrhundert und schließt mit einer nochmaligen Aufstockung in der spätschinkelschen Zeit ab. Auch bei der Wahl der Materialien orientierte sich Jordi an historischen Beispielen: Lausitzer Granodiorit und typischer Backstein, der zwischen Rathenower Rot und Glindower Gelb changiert, kamen zum Einsatz. Spolien, die während der Bauphase im Boden gefunden wurden, wurden in die Fassade eingefügt. Sie geben dem schmalen Haus einen musealen Charakter und runden die Komposition harmonisch ab.

In the development of the façade, Marc Jordi concentrated on the architectural tradition of the Berlin townhouse. The horizontal distribution of the 6 ½ -metre-wide front interprets three time levels: it begins in the lower frieze with the ideal representation of a three-axial, two-storey building, leads to the 19th century via a late-baroque added storey with a mansard roof, finishing on top with another added roof in the late Schinkel style. In the choice of materials, too, the idea was to orientate the design on historical examples. Lausitz granodiorite and typical bricks alternating between Rathenow Red and Glindow Yellow were used here. Spolia found in the earth during the building phases were included in the façade by Jordi. They give the narrow building a museum-like character, rounding off the composition harmonically.

Al desarrollar la fachada, Marc Jordi se concentró en la tradición arquitectónica del edificio urbano berlinés. La subdivisión horizontal del frente de seis metros y medio de ancho interpreta tres planos cronológicos: Comienza en el friso inferior con la representación ideal de una casa de dos plantas con tres ejes, lleva al siglo XIX por medio de una sobreedificación correspondiente a finales del barroco con techo de mansarda y culmina en la parte superior con una nueva sobreedificación correspondiente al final de la época de Schinkel. También en la selección de los materiales se puso énfasis en orientarse por ejemplos históricos. Aquí se utilizaron la granodiorita de Lausitz y el típico ladrillo, que varía entre el rojo típico de Rathenow y el amarillo típico de Glindow. Los hallazgos históricamente interesantes, encontrados en el subsuelo durante la fase de construcción, fueron incorporados por Jordi en la fachada. Ellos le imparten al edificio un carácter museal y redondean armónicamente la composición.

При проектировании фасада Марк Джорди сосредоточился на архитектурных традициях берлинского городского дома. Горизонтальная структура фронтальной поверхности шириной шесть с половиной метров отражает три временных пласта: она начинается на нижнем фризе идеальным воплощением трехосного двухэтажного дома, переходит через надстройку с крышей мансарды в позднее барокко 19-го века и завершается вверху еще одной настройкой эпохи позднего Шинкеля. При выборе материалов автор также ориентировался на исторические примеры. Были использованы гранодиорит из Лаузитца и характерный песчаник с оттенком между ратенаусским красным и глиндоверским желтым. Найденные в грунте на этапе строительства сполии Джорди встроил в фасад. Они придают узкому зданию музейный характер и гармонично завершают композицию.

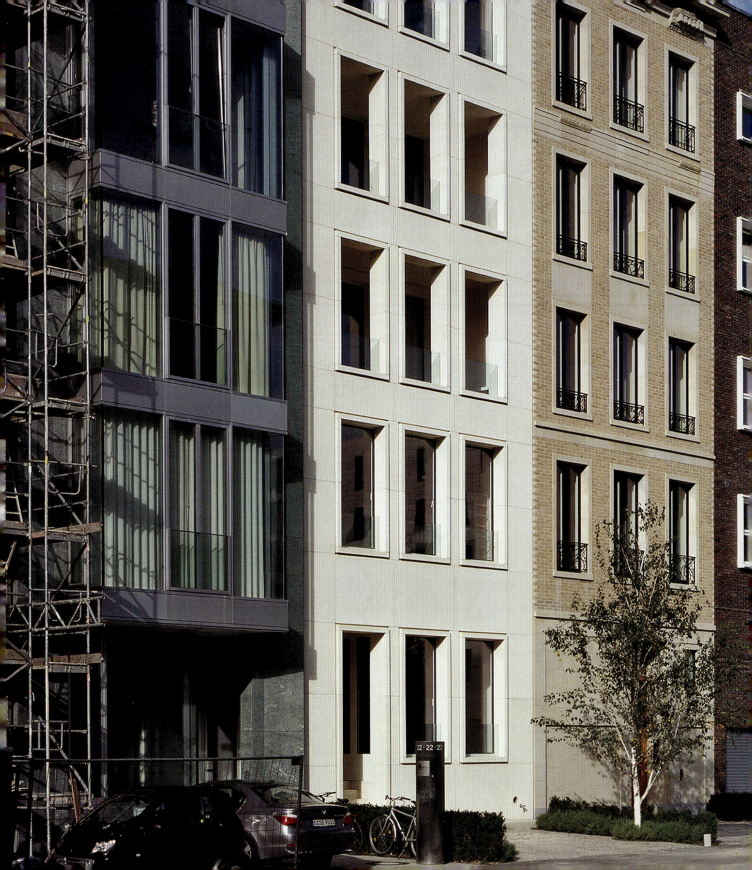

Schnitt

Architekt
Marc Jordi, Berlin

Projektbeteiligte
Generalplanung: BAL AG, Berlin

Bauherr
Ulrich und Ulla Schulte, Berlin

Lage
Caroline-von-Humboldt-Weg 18

Fotograf
Stefan Müller, Berlin

Lageplan

5. Obergeschoss

3. Obergeschoss

4. Obergeschoss

2. Obergeschoss

1. Obergeschoss

Erdgeschoss

Apartmenthaus am Henriette-Herz-Park, 2005
David Chipperfield Architects

Die exklusive Lage direkt am Tiergarten sollte nicht nur Namensgeber der *Parkside Apartments*, sondern auch Konzept sein: Mit der Hauptorientierung zum Tiergarten und zum neu geschaffenen Henriette-Herz-Park bekommt das Gebäude im Zusammenspiel mit der urbanen Lage ein hohes Maß an Exklusivität. Die Fassade aus verschieden großen Natursteinplatten verleiht dem Haus einen monolithischen Charakter und nimmt so die mit der Berlinischen Architektur assoziierte Massivität auf. Betont wird dies durch die französischen Fenster, die die Außenhülle modular strukturieren und zusammen mit den Austritten das frei komponierte Bild und die Plastizität der Fassade erzeugen. Abgerundete Kanten unterstreichen das Bild eines massiven Gesteinsblocks.

Its exclusive location next to the Tiergarten park not only gives the *Parkside Apartments* their name, but also forms the basis for the concept. The main orientation towards the park together with its urban location gives the building a high degree of exclusivity. The façade composed of large stone slabs lends the building a monolithic character, adopting the solid quality associated with Berlin architecture. This is emphasised by the French windows which structure the façade into modules. Together with the balconettes, they create the freely composed impression and plasticity of the façade. The rounded-off edges underline the appearance of a solid, stone block.

Su exclusiva ubicación directamente junto al parque de Tiergarten no sólo se tomó para darle su nombre a los *Parkside Apartments*, sino que también se usó como concepto. Su orientación principal hacia el barrio Tiergarten y hacia el recientemente creado parque Henriette-Herz-Park, en combinación con su ubicación urbana, le imparte a este edificio un alto grado de exclusividad. La fachada compuesta de diferentes grandes placas de piedra natural le da al edificio un carácter monolítico, con lo que se hace eco de la monumentalidad que suele asociarse a la arquitectura berlinesa. Esto queda resaltado por las ventanas francesas que dan a la fachada una estructuración modular y que junto con los salientes generan la imagen libremente compuesta y la plasticidad de la fachada. Los bordes redondeados subrayan la impresión de un bloque de piedra macizo.

Эксклюзивное местонахождение непосредственно в районе Тиргартен должно было быть отражено не только в названии »Parkside Apartments«, но также являться концепцией. Основная ориентация в направлении района Тиргартена и вновь созданного парка Генриетты Герц обеспечивает зданию в сочетании с центральным расположением высокую степень эксклюзивности. Фасад из различных по размеру плит из природного камня придает сооружению монолитный характер и ассоциируемую с берлинской архитектурой монументальность. Это подчеркивается французскими окнами, за счет которых фасад приобретает модульную структуру и, в сочетании с выступами, свободно оформленный внешний вид и пластичность. Скругленные грани подчеркивают вид массивного каменного блока.

Architekt
David Chipperfield Architects, London/Berlin

Projektleiter
Michael Freytag, Dirk Gschwind, Thomas Wiedmann

Projektbeteiligte
Projektsteuerung: Intertec Ingenieurgesellschaft für Hochbau mbH, Berlin
Tragwerk: Ingenieurgesellschaft für Bauwesen mbH Theodor Klein, Berlin
Gebäudetechnik: Ridder & Meyn-Ingenieurgesellschaft, Berlin

Bauherr
Immago Real AG, Baar/Schweiz,
vertreten durch C+T Development GmbH + Co. KG, Berlin

Lage
Am Park 4

Fotograf
Christian Richters, Münster

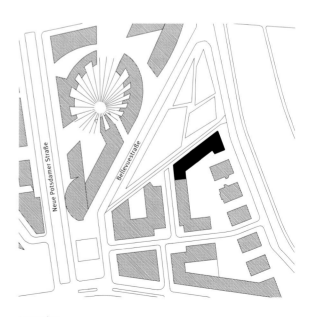

Lageplan

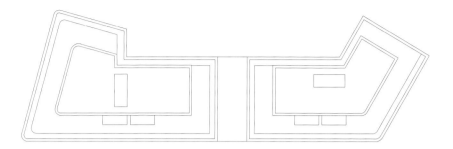

Dachaufsicht

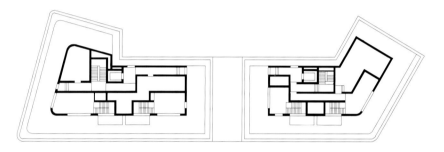

10. Obergeschoss

Regelgeschoss

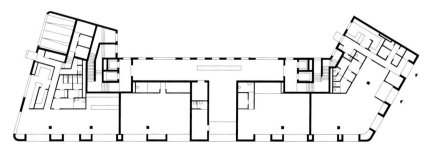

Erdgeschoss

Lofthaus in der Reinhardtstraße, 2007
nps tchoban voss

Abgeschirmt von einer höheren Randbebauung steht das dreigeschossige Lofthaus im Blockinnenbereich zwischen Reinhardt-straße und Unterbaumstraße. Inmitten der historischen Friedrich-Wilhelm-Stadt vermittelt es zwischen der bestehenden Giebelwand eines Altbaus und dem zum Stadtbahnviadukt orientierten *Kronprinzenkarree*. Wie hinter einem goldenen Vorhang ist das Lofthaus mit verschiebbaren Lochblechen verkleidet. Mit den geschosshohen Elementen können die Innenräume gegen Licht und Sicht geschützt werden. Die individuell verlaufende Lochung der Blechelemente verleiht den Fassadenelementen einen belebten, fast ornamentalen Charakter. Alle Wohnetagen sind, bis auf Bad und Küche, frei gestaltbar und verfügen über Terrassen – teils ebenerdig, teils auf dem Dach.

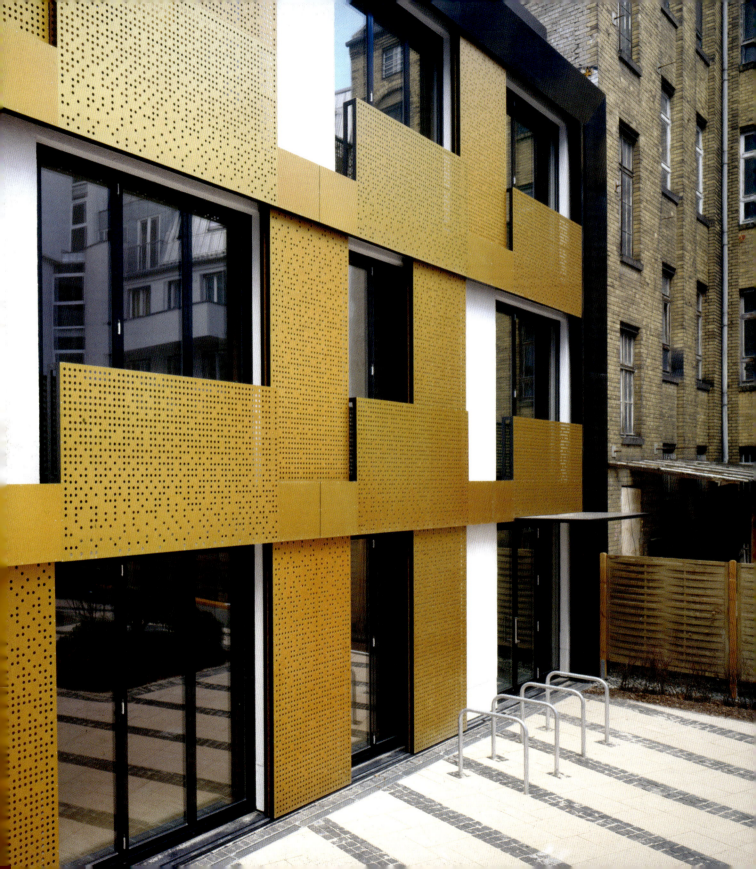

The three-storey loft building in the inner area of the block between Reinhardtstrasse and Unterbaumstrasse is shielded from higher buildings around it. Located in the middle of the historic Friedrich-Wilhelm-Stadt, it mediates between the existing flank wall of an old building and the *Kronprinzenkarree* orientated towards the city-railway viaduct. The loft building is covered with sliding perforated sheets, as if behind a golden curtain. The interior rooms are protected from light and viewing by the storey-high elements. The individual coring of the metal components lend a lively, almost ornamental character to the façade. All storeys can be flexibly arranged, with the exception of the baths and kitchens, and have terraces – some at ground level, some at roof level.

Apantallado por una edificación periférica de mayor altura, este edificio loft se encuentra emplazado en el área interior del bloque entre las calles Reinhardtstrasse y Unterbaumstrasse. En medio de la histórica zona de la Friedrich-Wilhelm-Stadt, hace de intermediario entre el muro de frontispicio existente de un edificio antiguo y el *Kronprinzenkarree* orientado hacia el viaducto del tren suburbano. Como si se hallara detrás de una cortina dorada, el edificio loft está revestido con chapas perforadas desplazables. Con estos elementos de altura de planta entera, los espacios interiores se pueden proteger contra la luz y la visión. La perforación que se desarrolla individualmente en los elementos de chapa les imparte a los mismos un carácter vivo, casi ornamental. Todos los pisos de vivienda pueden ser libremente configurados, a excepción del baño y la cocina, y disponen de terraza – algunas a nivel del suelo, otras en el techo.

Отделенный от более высокой окружающей застройки, стоит трехэтажный дом с лофтами внутри квартала домов между улицами Райнхардштрассе и Унтербаумштрассе. В центре исторического района улиц Вильгельм- и Фридрихштрассе он соединяет собой фронтонную стену имеющегося старого дома и обращенное к виадуку городской железной дороги »Kronprinzenkarree«. Как будто за золотым занавесом, дом с лофтами облицован передвижными перфорированными листами. Посредством листовых элементов высотой на весь этаж внутренние помещения защищены от света и посторонних взглядов. Индивидуальный ход перфорации листов придает элементам фасада оживленный, почти орнаментальный характер. Все жилые этажи кроме ванной и кухни могут быть оформлены индивидуально и оборудованы террасами – частью на уровне этажа, частью на крыше.

Architekt
nps tchoban voss, Berlin

Projektleiter
Phillip Bauer

Projektbeteiligte
Statik: LAP, Berlin/Stuttgart
Haustechnik: IGL Ingenieurgesellschaft Lang, Kaiserslautern
Haustechnik: Wärmetechnik Chemnitz, Chemnitz

Bauherr
Cenda Invest AG (vormals Specker Bauten AG), Berlin

Lage
Unterbaumstraße 4-6

Fotograf
Claus Graubner, Frankfurt am Main

Lageplan

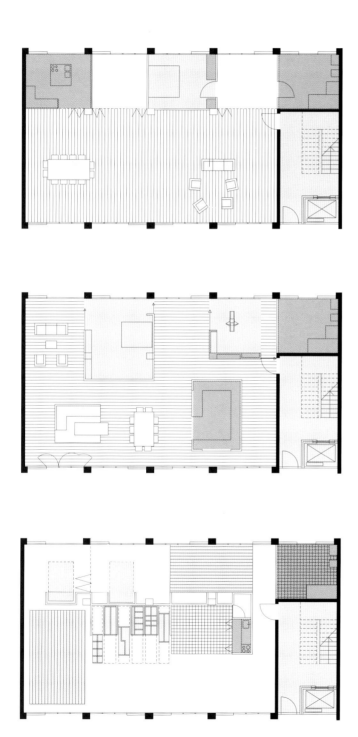

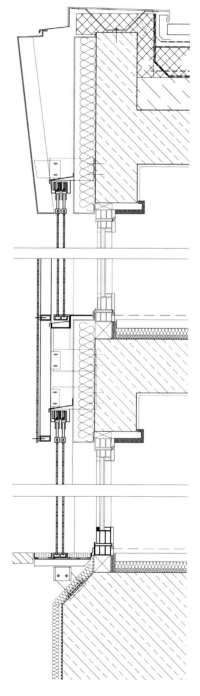

Grundrissvarianten   Fassadenschnitt

Stadthaus in der Mulackstraße, 2004
abcarius + burns

Das Stadthaus orientiert sich an seiner historischen Nachbarschaft, die hier in der Rosenthaler Vorstadt zu einem der ältesten Ortsteile Berlins gehört. Der Entwurf greift die für die Gegend typische, unregelmäßige Dachlandschaft auf und rhythmisiert das Staffelgeschoss mithilfe von Dachgauben. Zur Straße ist die nach Süden ausgerichtete Hauptfassade mit raumhohen Aluminium-Schiebefenstern fast vollständig verglast. Schiebelamellen ermöglichen in den oberen Geschossen Sicht- und Sonnenschutz. Das transparente Ladengeschoss gibt den Blick in den privaten Garten im Hinterhof frei. Für die Architekten abcarius + burns steht das globale und zugleich ortsgebundene Leben im Vordergrund eines zeitgemäßen Wohnkonzepts, das unter dem Titel »Urbane Living« Themen wie Transparenz, Wandelbarkeit und Raumatmosphäre architektonisch interpretiert.

The townhouse is orientated on the standard of its historic neighbourhood, the Rosenthaler suburb, one of the oldest sections of Berlin. The design takes up the irregular roof-landscape typical of this area, adding rhythm to the staggered storey with the help of dormers. The main façade facing the street towards the south is almost completely glazed with its room-high aluminium sliding windows. Sliding sun-blinds allow for sun and viewing protection in the upper storeys. The transparent shop storey allows for a view into the private garden in the rear courtyard. Global and stationary life is in the foreground of the contemporary living concept of the architectural bureau abcarius + burns, interpreting such subjects as transparency, changeableness and spatial atmosphere under the title »Urbane Living.«

Este edificio residencial se orienta por el carácter de su emplazamiento histórico, siendo el suburbio de Rosenthal una de las zonas urbanas más antiguas de Berlín. El diseño recoge el típico paisaje irregular de los tejados de la región y le inspira un cierto ritmo al ático valiéndose de las buhardillas. Hacia la calle, la fachada principal orientada hacia el sur está totalmente provista de grandes ventanales corredizos de aluminio que se extienden desde el suelo hasta el techo. En los pisos superiores, las persianas de laminillas ajustables ofrecen protección visual y contra el sol. La planta baja transparente da vista libre al jardín particular en el patio trasero. Para el dúo de arquitectos abcarius + burns, la vida global y al mismo tiempo vinculada a un lugar en particular se ubica en un primer plano del concepto habitacional moderno, que bajo el título »Urbane Living« interpreta arquitectónicamente temas tales como transparencia, capacidad de cambio y atmósfera espacial.

Городской дом соответствует по масштабу расположенным по соседству историческим зданиям, которые здесь, в Розентальском предместье, являются частью одного из наиболее древних районов Берлина. В проекте использован характерный для данного района разновысотный горизонт крыш, причем ступенчатая ритмичность этажей подчеркивается расположением слуховых окон. Расположенный с южной стороны и выходящий к улице фасад дома с раздвижными алюминиевыми оконными переплетами на всю высоту помещения почти полностью застеклен. Раздвижные жалюзи в верхних этажах защищают от посторонних взглядов и солнечных лучей. Прозрачный цокольный этаж открывает вид на приватный садик в заднем дворе. Для архитекторов Абкариуса и Бёрнса глобальный и вместе с тем локальный образ жизни стоит на переднем плане современной концепции жилища, архитектурными средствами интерпретирующей под девизом »Urbane Living« такие темы, как прозрачность, способность к трансформации и пространственная атмосфера.

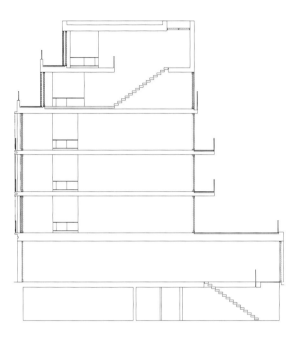

Schnitt

Architekt
abcarius + burns, Berlin

Projektbeteiligte
Bauingenieure: Ingenieurgruppe Wiese GmbH, Berlin
Technischer Ausbau: Feddersen Ingenieure, Berlin

Lage
Mulackstraße 12

Fotograf
Hisao Suzuki, Barcelona

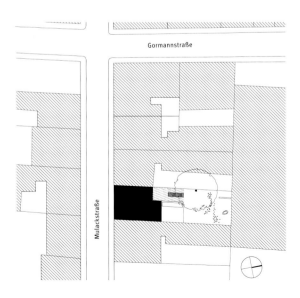

Lageplan

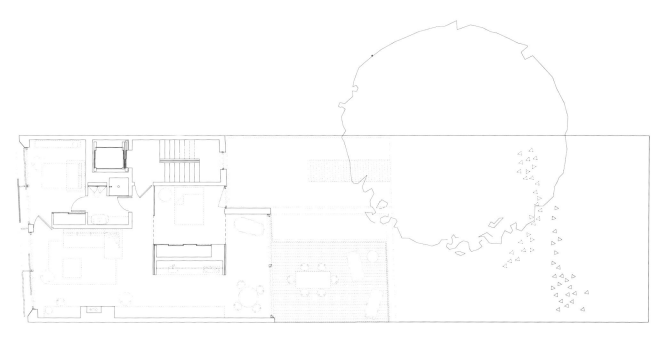

1. Obergeschoss

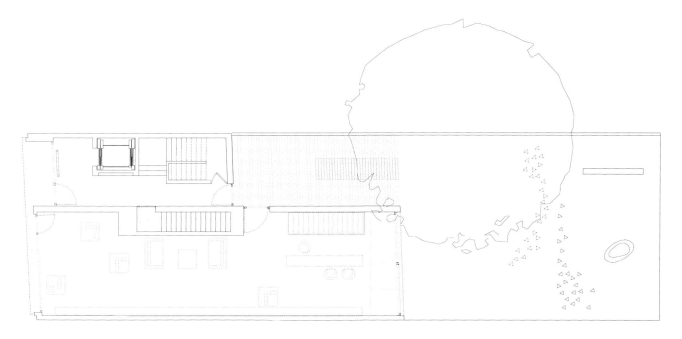

Erdgeschoss

Stadthaus in der Hessischen Straße, 2004
DEADLINE – Britta Jürgens und Matthew Griffin

Alt und Neu verschmelzen in einer architektonischen Geste im Stadthaus in der Hessischen Straße miteinander. Britta Jürgens und Matthew Griffin haben in der historischen Stadterweiterung der Friedrich-Wilhelm-Stadt einen vorhandenen Seitenflügel um einen zweigeschossigen Hausaufbau erweitert und mit dem straßenseitigen Neubau verknüpft. Der Neubau ist mit seinen sieben Geschossen und der vorspringenden Fassade ein futuristischer Blickfang in der Straße. Mit dem Konzept verfolgen die Architekten das Ziel, auf geringer Fläche einen lebendigen Mix verschiedener Funktionen zu vereinen: Miniapartments, Büroräume, ein Einfamilienhaus, einen Laden und Parkplätze. Wie selbstverständlich führt das Architektenduo vor, dass sich die Themen Neubau, Umbau und Sanierung auch gestalterisch anspruchsvoll vereinen lassen.

Old and new are blended together in an architectural gesture in the townhouse on Hessische Strasse. Britta Jürgens and Matthew Griffin have expanded an already present side-wing to form a two-storey building, linking it with the new building on the street side. With its seven storeys and the forward-jutting façade, the new building is a futuristic eye-catcher on this street. With this concept, the architects pursue the goal of uniting a lively mixture of different functions on a limited surface area: mini-apartments, office rooms, a single-family house, a shop and parking spaces. As a matter of course, the duo of architects demonstrates that the subjects of new construction, renovation and repair can be united at a high designing standard.

Lo antiguo y lo nuevo se funden en un gesto arquitectónico en este edificio urbano situado en la calle Hessische Strasse. Britta Jürgens y Matthew Griffin, en la histórica ampliación urbana de la Friedrich-Wilhelm-Stadt, han añadido una construcción de dos plantas a un ala lateral ya existente, uniendo este conjunto a la obra nueva en el lado orientado hacia la calle. La obra nueva, con sus siete plantas y su fachada proyectada hacia el frente, constituye un centro de atención visual de aspecto futurista en esta calle. Con su concepto, los arquitectos se han propuesto reunir sobre una pequeña superficie una mezcla viva de diferentes funcionalidades: Miniapartamentos, oficinas, una vivienda unifamiliar, un recinto comercial y aparcamiento. Con toda naturalidad, los dos arquitectos nos demuestra que los temas »obra nueva, reforma y saneamiento« también se pueden unificar creativamente de un modo muy exigente.

Старое и новое слились воедино в архитектурном силуэте городского дома на Гессенской улице. Бритта Юргенс и Мэттью Гриффин расширили при достройке исторического здания в квартале между улицами Вильгельм- и Фридрихштрассе сохранившийся боковой флигель, надстроив еще два этажа дома, и скомбинировали его с выстроенным со стороны улицы новым зданием. Семиэтажное новое здание с выдвинутым фасадом привлекает взгляды прохожих своим футуристическим обликом. Своей концепцией архитекторы преследовали цель на малой площади создать живое сочетание различных функций: миниквартир, офисных помещений, особняка, магазина и мест для парковки. Как само собой разумеющееся, архитектурная фирма наглядно продемонстрировала пример тематического объединения новой застройки, переоборудования и капитального ремонта на взыскательном творческом уровне.

Stadthäuser am Friedrichshain, 2008
Höhne Architekten BDA

Am Friedrichshain im Prenzlauer Berg hat der Architekt Stephan Höhne eine Neuinterpretation des englischen Townhouse vorgenommen. In Anlehnung an das von John Nash geprägte englische Vorbild aus dem 19. Jahrhundert ist in der familiengerechten Wohnanlage die Idee vom innerstädtischen Haus mit kleinem Vorgarten und Patio realisiert worden. 60 Häuser zwischen 110 bis 260 Quadratmeter orientieren sich in der Bautypologie am klassischen Londoner Stadthaus und reihen sich entlang der von Grün gesäumten Alleestraße aneinander. Die weißen Fassaden werden mit schmiedeeisernen Balkongittern, schwarzen Eingangstüren und leuchtend roten Textilmarkisen akzentuiert. Als gemeinschaftliche Parkanlage prägt der Schweizer Garten das Zentrum des neu entstandenen Viertels. Dort befinden sich ein Spielplatz, Wasseranlagen und Grünflächen.

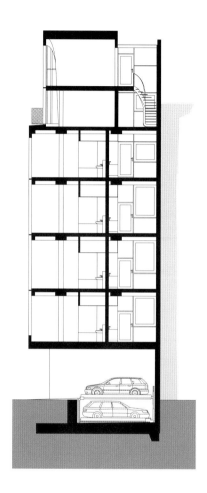

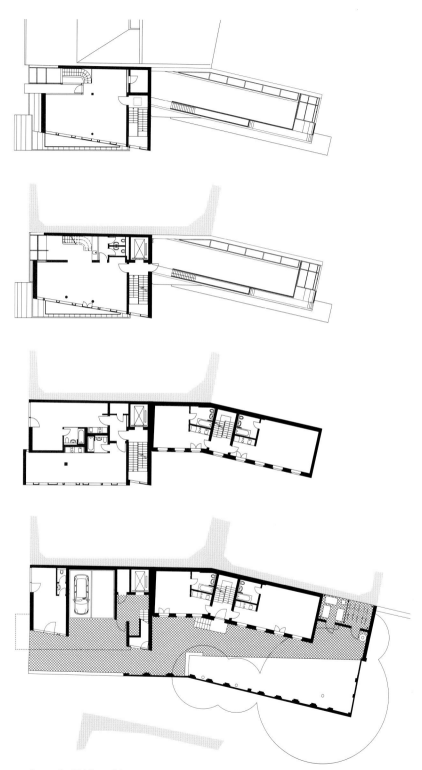

Querschnitt | Grundrisse

Architekt
DEADLINE – Britta Jürgens und Matthew Griffin, Berlin

Projektteam
Britta Jürgens, Matthew Griffin, Stefan Bullerkotte

Projektbeteiligte
Tragwerksplanung: Eisenloffel und Sattler Tragwerksplanung, Berlin

Bauherr
Jürgens, Griffin GbR

Lage
Hessische Straße 5

Fotograf
Matthew Griffin, Berlin

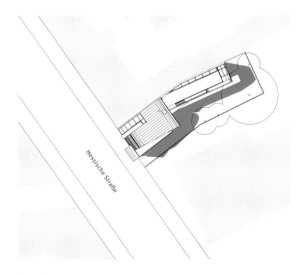

Lageplan

Old and new are blended together in an architectural gesture in the townhouse on Hessische Strasse. Britta Jürgens and Matthew Griffin have expanded an already present side-wing to form a two-storey building, linking it with the new building on the street side. With its seven storeys and the forward-jutting façade, the new building is a futuristic eye-catcher on this street. With this concept, the architects pursue the goal of uniting a lively mixture of different functions on a limited surface area: mini-apartments, office rooms, a single-family house, a shop and parking spaces. As a matter of course, the duo of architects demonstrates that the subjects of new construction, renovation and repair can be united at a high designing standard.

Lo antiguo y lo nuevo se funden en un gesto arquitectónico en este edificio urbano situado en la calle Hessische Strasse. Britta Jürgens y Matthew Griffin, en la histórica ampliación urbana de la Friedrich-Wilhelm-Stadt, han añadido una construcción de dos plantas a un ala lateral ya existente, uniendo este conjunto a la obra nueva en el lado orientado hacia la calle. La obra nueva, con sus siete plantas y su fachada proyectada hacia el frente, constituye un centro de atención visual de aspecto futurista en esta calle. Con su concepto, los arquitectos se han propuesto reunir sobre una pequeña superficie una mezcla viva de diferentes funcionalidades: Miniapartamentos, oficinas, una vivienda unifamiliar, un recinto comercial y aparcamiento. Con toda naturalidad, los dos arquitectos nos demuestra que los temas »obra nueva, reforma y saneamiento« también se pueden unificar creativamente de un modo muy exigente.

Старое и новое слились воедино в архитектурном силуэте городского дома на Гессенской улице. Бритта Юргенс и Мэттью Гриффин расширили при достройке исторического здания в квартале между улицами Вильгельм- и Фридрихштрассе сохранившийся боковой флигель, надстроив еще два этажа дома, и скомбинировали его с выстроенным со стороны улицы новым зданием. Семиэтажное новое здание с выдвинутым фасадом привлекает взгляды прохожих своим футуристическим обликом. Своей концепцией архитекторы преследовали цель на малой площади создать живое сочетание различных функций: миниквартир, офисных помещений, особняка, магазина и мест для парковки. Как само собой разумеющееся, архитектурная фирма наглядно продемонстрировала пример тематического объединения новой застройки, переоборудования и капитального ремонта на взыскательном творческом уровне.

The architect Stephan Höhne has dared a new interpretation of the English townhouse on the Friedrichshain in Prenzlauer Berg. Influenced by the 19th-century English model stemming from John Nash, the idea of an inner-city house with small front garden and patio has been realised in this residential complex, ideally suitable for families. Sixty houses altogether, between 110 and 260 square metres each, are architecturally orientated on the classic London townhouse and arranged along the greenery-lined Alleestrasse. The white façades are interrupted by wrought-iron balconies, black entrance doors and bright red textile awnings. The Swiss Garden, a public park, is at the centre of the newly created quarter, with playgrounds, water facilities and green areas.

Junto al parque de Friedrichshain en el distrito de Prenzlauer Berg, el arquitecto Stephan Höhne ha emprendido una nueva interpretación del concepto inglés del townhouse. Conforme al modelo inglés acuñado por John Nash en el siglo XIX, en este complejo residencial familiar se ha realizado la idea de la casa de ciudad con un pequeño jardín delantero y patio. En total son 60 casas de 110 hasta 260 metros cuadrados las que se orientan en su tipología de construcción por la clásica casa de ciudad londinense, adosándose las unas a las otras a lo largo de la avenida bordeada de verde. Las blancas fachadas se ven interrumpidas por rejas de balcón de hierro forjado, puertas de entrada de color negro y marquesinas de color rojo brillante. Como área de parque común, el Schweizer Garten (Jardín Suizo) marca el centro de este nuevo barrio. El parque incluye áreas de juego infantil, instalaciones acuáticas y zonas verdes.

У Фридрихсхайна в районе Пренцлауер Берг архитектор Штефан Хёне рискнул выдвинуть новую интерпретацию английского городского дома. По английскому образцу 19-го века, созданному Джоном Нешем, в жилом квартале семейного типа была реализована идея внутригородского дома с небольшим палисадником и патио. 60 домов площадью от 110 до 260 квадратных метров ориентированы по своей типологии на классический лондонский городской дом и выстроены в ряд вдоль обрамленной зеленью Аллеештрассе. Белые фасады прерываются балконными решетками из кованого металла, черными входными дверьми и ярко-красными матерчатыми маркизами. В качестве парковой зоны общего пользования центр нового квартала занимает швейцарский сад. Он содержит игровые площадки, гидротехнические сооружения и озелененные площади.

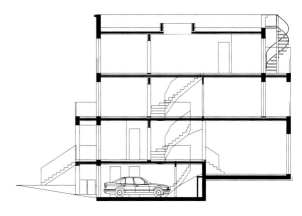

Schnitt

Architekt
Höhne Architekten BDA, Berlin

Projektleiter
Alexander J. Pithis

Projektbeteiligte
Statik: Frankenstein Consult GmbH, Berlin
Landschaftsarchitekten: WES & Partner Landschaftsarchitekten, Hamburg
Haustechnik: Energum GmbH, Berlin
Bauphysik: Bau-Plan-Consult mbH, Berlin

Bauherr
Prenzlauer Gärten Grundbesitz AG, Bremen

Lage
Am Friedrichshain 28-32

Fotograf
Maximilian Meisse, Berlin

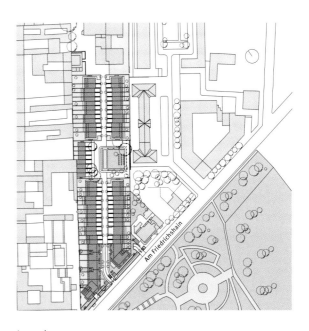

Lageplan

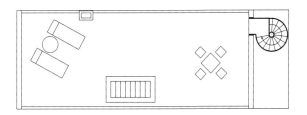

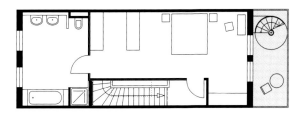

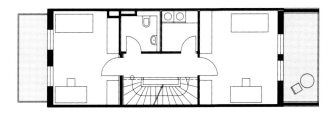

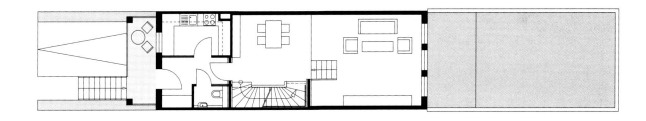

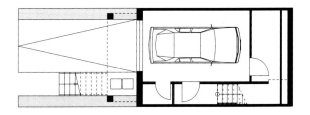

Grundrisse Haustyp L mit Dachterrasse

Stadthäuser an der Rummelsburger Bucht, 2006
KSV Krüger Schuberth Vandreike

Die 16 Stadthäuser befinden sich nur fünf Autominuten vom Alexanderplatz entfernt und gehören zum innerstädtischen Entwicklungsgebiet der Rummelsburger Bucht. Zum Baumplatz ausgerichtet, reihen sich die Häuser auf einer Parzellenbreite von sechs Metern aneinander. Die Fassaden sind in rotem Klinker mit weißen Fugen ausgeführt, Betonfertigteile betonen die Eingangszone im Erdgeschoss sowie die Terrassenbrüstungen und Stufengiebel. Durch den abwechselnden Rücksprung des Staffelgiebels gewinnen die Stadthäuser individuelle Kontur – ohne den gestalterischen Zusammenhang der Hausgruppe aufzulösen. Die städtischen Reihenhäuser in zentraler Lage stellen eine bautypologische Besonderheit für Berlin dar, vermutete man derartige Klinkerbauten bislang doch eher in Hamburg.

These sixteen townhouses are just five minutes' drive from Alexanderplatz and belong to the inner-city developmental area of the Rummelsburger Bucht. Directed towards Baumplatz, the houses are arranged in a row on a parcel-width of six metres. The façades have been executed in red bricks with white mortises; concrete prefabricated parts emphasise the entrance zones on the ground floor, as do the terrace parapets and stepped gables. Through the alternating indentation of the staggered gable, the townhouses gain an individual contour – without losing the continuity of the overall group design. The urban row-houses in a central location are an architectural feature typical of Berlin; one had rather expected to see such brick buildings in Hamburg.

Los 16 edificios urbanos se encuentran a sólo cinco minutos en coche desde la plaza Alexanderplatz y forman parte del área intraurbano de la Rummelsburger Bucht. Orientados hacia la plaza Baumplatz, los edificios se alinean sobre un ancho de parcela de seis metros. Las fachadas están hechas de ladrillo recocido rojo con juntas blancas, mientras que la zona de entrada en la planta baja, así como las balaustradas de terraza y los frontones de terraza se realzan mediante elementos de hormigón prefabricados. Debido al retroceso alternado del frontón escalonado, los edificios adquieren un contorno individual – pero sin disolver la cohesión creativa del grupo de edificios. Las casas adosadas en ubicación céntrica constituyen una peculiaridad tipológica en el ámbito de la construcción en Berlín, ya que tales edificaciones de ladrillos recocidos hasta ahora más bien se habrían imaginado en Hamburgo.

До 16 жилых домов можно добраться всего лишь за пять минут на автомобиле от Александерплатц. Они относятся к развитому внутригородскому микрорайону »Rummelsburger Bucht«. В направлении Баумплатц дома расположены друг за другом на небольших по размеру участках шириной шесть метров. Фасады выполнены из красного клинкерного кирпича, готовые бетонные компоненты выделяют входную зону нижнего этажа, а также парапеты террас и ступенчатые фронтоны. За счет переменного уступа ступенчатого фронтона жилые дома приобретают индивидуальные очертания, не нарушая при этом художественной целостности всей группы. Городские дома рядной застройки в центральных районах являются архитектурно-типологической особенностью Берлина, в то время, как подобные постройки из клинкерного кирпича до этого были характерны скорее для Гамбурга.

Architekt
KSV Krüger Schuberth Vandreike, Berlin

Projektbeteiligte
Projektsteuerung und -entwicklung: KSV Krüger Schuberth Vandreike, Berlin
Statik: Stopper Ingenieure, Berlin
Haustechnik: Ingenieurbüro C&F, Strausberg

Bauherr
16 private Bauherren

Lage
Alice-und-Hella-Hirsch-Ring 40-68

Fotograf
Werner Huthmacher, Berlin

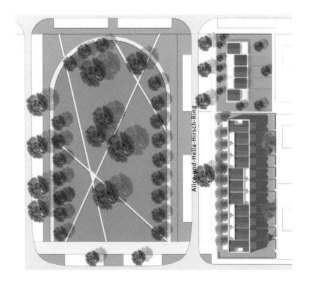

Lageplan

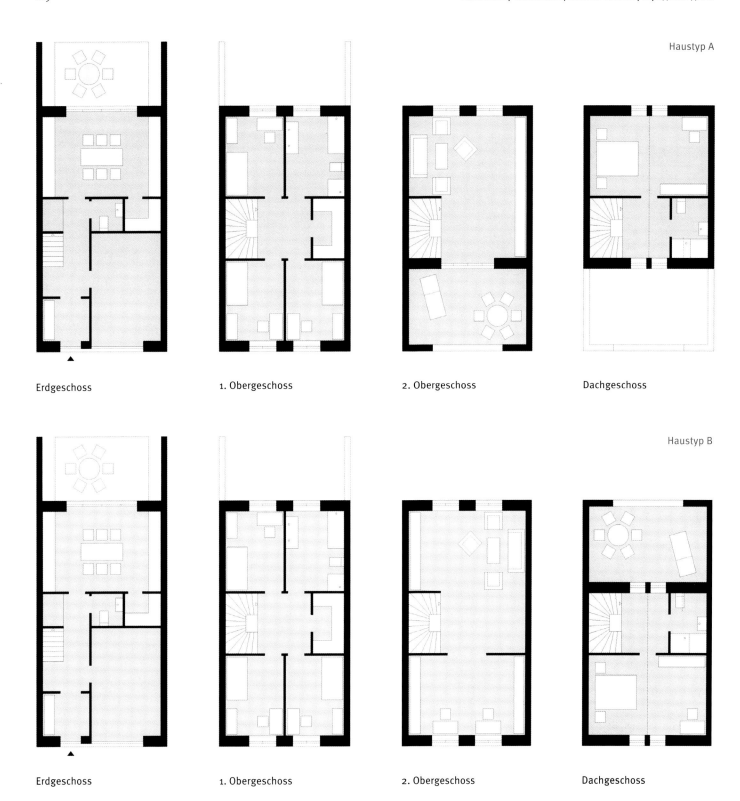

Haustyp A

Erdgeschoss   1. Obergeschoss   2. Obergeschoss   Dachgeschoss

Haustyp B

Erdgeschoss   1. Obergeschoss   2. Obergeschoss   Dachgeschoss

Diese Publikation erscheint als Begleitband zur geichnamigen Wanderausstellung, die vom Auswärtigen Amt und dem Goethe-Institut Minsk unterstützt wird. Die Deutsche Bibliothek verzeichnet diese Publikation in der Deutschen Nationalbibliografie. Detaillierte bibliografische Daten sind im Internet über *http://dnb.ddb.de* abrufbar.

ISBN 978-3938666-43-2

© 2008 by DOM publishers, Berlin
www.dom-publishers.com

Herausgeber
Philipp Meuser, Fried Nielsen (Deutsche Botschaft Minsk)

Redaktion
Dörte Becker, Christiane Götzen

Lektorat
Brigitta Hahn-Melcher

Endlektorat
Uta Keil

Übersetzungen
Cord von der Lühe

Gestaltung
Daniela Donadei (Titel), Heiko Mattausch

Fotos (Einleitung)
Meuser, Philipp: 2, 21, 45–52; Savorelli, Pietro: 22/23, 33-43, 220/221; Stappenbeck, Gisela: 25–31

Druck
SNP Leefung, Shenzhen/China

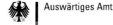 Auswärtiges Amt

 GOETHE-INSTITUT

DOM publishers